献给我的父亲、母亲

一只蚂蚁的巴黎成功学

卓越的成就
都是始于微不足道的胜利

[西] 马克·维达尔◎著
胡保华 欧楚妍◎译

SPM
南方出版传媒
广东经济出版社
- 广州 -

图书在版编目（CIP）数据

一只蚂蚁的巴黎成功学／（西）马克·维达尔著；胡保华，欧楚妍译．—广州：广东经济出版社，2018.5
ISBN 978－7－5454－6146－6

Ⅰ．①一…　Ⅱ．①马…　②胡…　③欧…　Ⅲ．①企业管理－通俗读物
Ⅳ．①F272－49

中国版本图书馆CIP数据核字（2018）第053520号

版权登记号：19－2016－238

责任编辑：张晶晶
责任技编：许伟斌
内文插图：Microbio Gentleman
封面设计：Microbio Gentleman，潘倩铧

First published in Spanish by Alienta Editorial, Barcelona, Spain.
The simplified Chinese translation rights arranged through Peony Agency.

《一只蚂蚁的巴黎成功学》Yizhi Mayi De Bali Chenggongxue
（西）马克·维达尔 著　胡保华，欧楚妍 译

出版发行	广东经济出版社（广州市环市东路水荫路11号11～12楼）
经销	全国新华书店
印刷	佛山市浩文彩色印刷有限公司 （广东省佛山市南海区狮山科技工业园A区）
开本	889毫米×1194毫米　1/32
印张	4.25
字数	80 000字
版次	2018年5月第1版
印次	2018年5月第1次
印数	1～8000
书号	ISBN 978－7－5454－6146－6
定价	25.00元

如发现印装质量问题，影响阅读，请与承印厂联系调换。
发行部地址：广州市环市东路水荫路11号11楼
电话：（020）38306055　37601950　邮政编码：510075
邮购地址：广州市环市东路水荫路11号11楼
电话：（020）37601980　营销网址：**http://www.gebook.com**
广东经济出版社新浪官方微博：**http://e.weibo.com/gebook**
广东经济出版社常年法律顾问：何剑桥律师

前　言

生活中你会遇到两种人：一种是积极的人，这类人认为命运是由自己掌握的，每个人都能自己决定自己的命运；另一种人认为命运已经被设定好，不管你做什么都无法改变，意外并不能改变命运，而是最后融入既定的轨迹中。命运按照自己的方式前进，每个人只能等运气去找你。

现在你手头拿到的这本书，书名为《一只蚂蚁的巴黎成功学》，它是马克·维达尔的最新力作。这本书里所反映的生活内容，远比客观决定论和主观决定论更加复杂。生活是梦想、愿望、运气和命运等复杂因素的结合体。

这个复杂结合体的核心是野心，并且首先要具有的同样也是野心。要想改变现状，就一定要有一个梦想，想象自己想要成为的样子。很多年来野心一直被用介乎躁动和现实的消极笔调来描写，这是一个巨大的错误。野心是我们生活之本、能量之源、万物意义之根源，同时也是我们的行为之因。本能以有效的方式引导我们在多样的生物界生存下去。除了本能之外，我们做事时所有的一切都基于野心。让我们成为生物界独一无二的生物则是我们的本能，让我们的生活有所成就的第一步则是野心。

野心由梦想、标准模式、小目标、不满足和自我认知来构成。这些是构成勃勃野心的必要元素。它们的构成比例没有人知道，这只能由你本人的经历来决定。

接下来就要看生活本身了。生活中的命运由自己主观决定还是客观设定，这同样具有决定意义。让我们瞪大眼睛看一看，等待生活中神奇的时刻和地点——我们签署某一商业协议，或者我们会邂逅每个人生命中的另一半。比如，在巴黎。

Bernardo Hernández

（贝尔纳多·埃尔南德斯）

Flickr总裁，谷歌市场部副总裁

[目录] Contents

唐·塔普斯科特在美国麻省理工学院史塔特科技中心的礼堂结束了讲座以后，和我聊了一会儿，他很坦诚地告诉我，现在的人们都认为这个世界是创新的、日新月异的，关键词是开放和协作，但他认为这个世界其实只不过是我们身边发生的现实的数字化表现而已。

第二个需要革新的地方就是商业性质上的了。我请了两天假，在同事们演出的四个区里视察，将每一条小巷、每一个广场和每一个角落都走遍了。我发现了一些他们不知道，又或者是因为某些原因之前被他们否决掉的地方。

我的律师一直认为对方给出了一个非常好的报价，但是他不敢询问我的看法。之前我们已经经历过两次同样的情况了。这两次都发生在西班牙，给出的收购价格甚至比现在的还低得多。我因为准备说出自己的想法而一直在冒冷汗，我甚至怀疑窗户会因此而神奇地蒙上水汽并失去光泽。

巴黎的欲望很容易就能被读懂。这是一座充满智慧的城市。有时候会感觉到它充满年轻活力，有时候却又会觉得它不过是在日薄西山；有时候它知道自己要怎么发展，有时候却又会在惰性和愚昧的道路上一路下滑。巴黎就是这么一个复杂的生态系统，所有的生命都在其中无可救药地流逝。

01

追求你的梦想

PERSEGUIR TUS SUEÑOS

……………………

“如果敢于追求梦想，你就能成功。不要忘记，一切都开始于一只老鼠。”

——华特·迪士尼[①]

我在这里，在一架波音747上。四周一片漆黑，所有旅客都在沉睡，只有我坐的1H位置上

① （1901年12月5日—1966年12月15日），是美国著名动画大师、企业家、导演、制片人、编剧、配音演员、卡通设计者，举世闻名的迪士尼公司创始人。他一生共获得了56个奥斯卡奖提名和7个艾美奖（Emmy Awards）。他和他的职员一起创造了许许多多著名的、受世人欢迎的卡通角色，包括那个被无数人喜爱的经典卡通形象、华特·迪士尼的好友——米老鼠（Mickey Mouse）。——译者注

亮着光。电脑屏幕看起来仿佛是由窗口和字母组成的拼图。我总是这样开着电脑，今天也不例外，十一小时以上的长途飞行，Mac电脑屏幕散发出让人昏昏欲睡的光，把我的脸映成一片蓝色，身旁一个人都没有。我刚刚确认了一份并购方案，这是我职业生涯中的最后一次并购。我最终还是接受了，但是一点儿也不容易。那种感觉就好像被人牵扯着某个器官，那是一个脆弱但又不可或缺的部分；就好像因为一个权势滔天的人物的愿望，你所建造的一切忽然消失得无影无踪。就在几个小时之前，在芝加哥一个数据巨头的办公室里，一份任何一个正常人都无法拒绝的礼物摆在了办公桌上。

在美国，人们都喜欢在奇怪的地方聚会。至少时下的那些管理高层喜欢，他们都有着现代化的投资背景、讲着时髦的词汇、比画着新潮的手势。他们会把你约在阳光灿烂的公园里、庸俗不堪的咖啡厅里，或者地铁站里，都是一些匪夷所思的地方。想必某位知名的商学院老师教过他们，就是要玩迷惑人的招数。我被约在布鲁克菲尔德动物公园里，靠近养着几只庞大北极熊的人造冰水库。那里，对，就是那里。

互相问好，和我的商业律师闲聊几句之后，我们就直奔主题了。聚会随后转移到户外的一张长椅上，对于他们来讲，这里是从他们办公室到某个目的地的中间点；对我而言，却是从公证处到某个地方的中间点。人声嘈杂，律师的声音，夹杂着我的助理的声音（在某些方面听起来像汉语中的普通话，所以我认出来了），还有四周来来往往人群的声音，恍惚中，我看到了一只小小的虫子。那是一只蚂蚁，渺小、紧张，而又孤独。它爬一步，停下来，接着再爬一步，慢慢向我靠近，但是当它的触角感知到我的存在时，又马上远离。忽然它一下子转过去，钻进了地洞里，这是它在公园的藏身之地。跟辽阔的公园相比，它的体积显得极其微小。它是如此弱小，又远离蚁穴，仿佛被命运抛弃，这跟几年前的我，是如此相似。

它那几乎难以察觉的出现，唤起了我第一次去巴黎的记忆。在决定要去征服这座光辉之城的时候，我才刚满十七周岁。已经很久很久没有回忆1987年的那个夏天了。那个夏天，我向家人提出，要去见识这个我心中的宇宙中心，希望能得到他们的同意，然而却被坚决地拒绝了。

这种阻碍，只会让我出行的愿望更加强烈，我越发渴望成为这个文化、知识和生活大熔炉的其中一员，内心深处的探索之魂在蠢蠢欲动。在我的梦想和感性认知里，巴黎是一个让人实现自我认知的绝好机会。在十六七岁的这个年龄，年轻人都是无法抗拒自己的本能的。法国首都对于青春期的少男少女来说，简直遥远得可怕，不仅飞机票价格贵得难以支付，就连搭乘来往巴塞罗那和巴黎奥利机场①的航班也显得特别累人。

没有朋友、家人和“傻瓜们”的支持，为了实现这个计划，我只能采取一个复杂的出行方式：不停地排队

① 该机场位于巴黎以南13公里。在建设戴高乐机场前，奥利机场是巴黎的主要机场。即使把国际的航班流量转移到戴高乐机场之后，奥利机场仍然是法国国内流量最繁忙的机场和法国整体客运方面第二大繁忙的机场。——译者注

换乘好几趟短线列车，直到到达我的目的地。这个路线要耗费三天。我那初级水平的法语在制定正确路线的时候毫无帮助。当你试图从巴塞罗那出发去巴黎时，在南特火车站过夜真不是一个最好最快的选择（南特在法国北部，港口城市，不在巴黎和巴塞罗那中间的线路上）。

约在布鲁克菲尔德动物公园见面的那群人总是习惯吞掉启动阶段和发展过程。他们的语言带有攻击性，让人感觉相当不舒服，并且一直拖着我的时间，就像股票经纪人一样。他们坚持认为由他们来实现“我的构想”才是最有利的，甚至仗势欺人地说“就算我们现在并购不成功，以后迟早也会成功的”。这不是我想要的。内心的某个声音在叫我选择放弃马上走人。

我们决定去一个有松木香氛味道和弦乐伴奏的地方。我和我的律师坐出租车过去。对方怎么过去的我并不清楚，但是我常常怀疑他们会空间移动。在我们到达威克大道121号的时候，咖啡已经凉了，而且看起来似乎一切都已经谈妥了。我坐下来，耳朵听着他们说话，眼睛却飘到其他地方去，我的目光借着那座大楼的高度，一直看向远方。桌子上满满的是他们的文件和他们给出的带很多零的数字。当然，还有我的全部梦想。我不想这么快就轻易让步。

每当我想集中注意力的时候，耳边就会回荡起那些男人的讲话声音，听起来就像是没有意义的窃窃私语一般。我先是走神到动物公园里，然后思绪又随之飘到了巴黎。想起动物公园里那只渺小的、迷失了的蚂蚁，就会联想到去巴黎时的我自己。

无视来自家人、父母和朋友们还有风险旅行专家们的一切警告，我奔向了巴塞罗那火车站，我的历史就这样开启了，但是当时我并没有意识到。在通往目标所在地接下来要换乘的好几趟列车中，这是必不可少的第一趟，尽管那时候我还没有认识到伴随我上路的只有那一点点梦想，支撑我一路不畏艰辛地来到巴黎。坐在车厢里，背着崭新的背包，我显得意气风发，然而一种莫名的恐惧却渐渐袭上心头。大概那些探索未知的冒险家和新大陆的发现者，也曾经经历过同样的恐惧吧。当时我的感觉也是如此——恐惧，脑子里想着这趟旅行隐含的风险。然而，当你十八岁的时候，是不会觉得自己会遭遇什么不幸的。你完全相信自己，不屈不挠，意志就像钢铁一样坚定。几分钟过后，站长的哨声响起，列车开动。已经没有回头路了。

在那个办公室里，并购方案的报价已经提高了两次，但尽管如此它仍然是一个并购，收了钱之后就别再想着去迎接什么挑战了。我站起来，跟他们说，我要再考虑考虑。每个人的脸上都浮现出惊讶的神色，包括我的律师。我们在场的每一位都清楚，对于一个还没商业化的方案来讲，这个价格其实已经超出了它的实际价值。不遵守市场规则的话，在美国几乎不可能卖出任何东西。即使冒着失去谈判线索的风险，我也没有改变主意，仍然想要再考虑清楚。我十分不愿意就这样抹杀自己的梦想，也不愿意舍弃自己的行事方式和创造、探索的方法。

我跟他们说要出去走走。那时候还是下午两点，我向他们保证，六点整会给他们最终答复。他们勉强同意了，说话时毫不掩饰他们的不满，他们这些因为坐在大班椅上就觉得自己与众不同的人，做事向来如此。

在此之前，接受并购似乎是唯一值得喝彩的选择了，但自从那只微不足道的小蚂蚁出现之后，有些东西发生了改变。把往事在我的记忆中按照时间的顺序整理一遍，对于我如何判断整个谈判起到了决定性的作用。我终于明白，在我的一生中，每个项目、每次挑战、每个不眠之夜、每个商业计划、每次分析、每次头痛、每个星期天忙得筋疲力尽而忍不住嫉妒散步情侣、日日夜夜将自己困在玻璃窗内苦苦思考、每个困扰或窘迫的时刻，都不是偶然或白费的，而是一种你如何看待生活的结果。当我像只蚂蚁一样充满幻想地走进巴黎，这些东西就已经开始在孕育了。我在遵循着自己的选择。或许其他人都不愿意活成这样子，但是我选择了这样做，为了让自己能人所不能，过上和普通人不一样的生活。所以这也是选择了面对一切，因为你相信自己。从这个意义上来讲，改变我们处境的主要动力还是源自我们自身。

在芝加哥的大街上走着走着，不知不觉就来到了千禧公园。当初推动着我去闯荡巴黎的那股劲头，此刻依然在身上。其实，也该到了再次现身的时候了。在那些专家眼中看来，这又是一个荒唐之举。典型的商务腔调让我觉得很烦躁，跟领导们夸夸其谈时的烦人程度不相上下。然而在巴黎的时候，为了生存下来，我已经基本学会了这一套，现在也算是派上了用场。

在我们生活的这个时代里，传统的商业计划书应该要被严密地封存起来。现今的企业可以在短短的五六年里诞生、壮大然后倒闭，并没有什么大不了的。一种销售模式也可以盛行一时，然后又衰落。现在这个社会，商务活动要根据复杂的社交网络和利益分配关系来做出调整。这是一个没有固定模式的丛林，所有的一切都以标新立异的姿态出现。还不仅仅是这样。1987年夏天，我还在巴黎街头开公司的时候，商务方面的书籍和研究生课程就已经在不停地推陈出新了。

也许是因为喝了咖啡，也可能是因为紧张，我感觉时间过得飞快。身边穿过一个个行人，他们的面孔从未显得如此陌生，如此冷漠。孤身一人的感觉多棒！完全依靠自己的感觉多美妙！当你去到一个陌生的地方，几乎不认路，也看不懂路标，那种感觉就好像你又重新出发去探险了。在陌生的街上游荡着，你能感受到这个地方跟你以前去过的千千万万个地方，是多么不一样。让我们想象一下，在一个新的地方漫游，看看那些未曾见过的小巷和小广场，真的是无比惬意呀！

不仅在芝加哥，我在巴黎也有过一样的体验。这两个地方之间微妙的联系，那似曾相识的感觉与气氛，让我带着决心迈向并购买家们所在的地方。我感觉自己像被内燃机推动着一样有干劲，比预计的时间提前了很多，早早地就回到了那个办公室。我仿佛一个回到擂台上的拳击手，被击打了好一顿之后仍然不愿意认输，依然昂首挺胸，牢牢地捉着四方台上的绳索，做着挑衅的手势，仿佛在说："来呀！""上吧！""我还没放弃呢！"

电梯门开了，我一步一步走过去，所有人都坐在尽头的一张方桌旁，桌上放满了手提电脑、手机和平板电脑。他们看着我微笑着走进来。这时候是下午五点，某天的同一个时刻，我全凭无知无畏，到达了巴黎的火车北站。我是一只进入信息巨头办公地的蚂蚁，就好像遥远的1987年5月25日那天，我从同一个奇妙的洞穴爬进了巴黎，那是我快满十八岁的时候。

这些温热的钢化玻璃自动门就像我记忆中的法国火车车门一样。我迈着跟那时下火车一样的步调，只不过那时候的背包现在变成了一个棕色的皮质公文包。我的目光也和以前的一样，但却更加沧桑。我的手表虽然更沉了，但依然以同样坚定的节奏在计量着时间。我的梦想依旧无可挑剔的相似，充满了我的价值观；我穿的袜子颜色还是那么鲜艳夺目。在两个不同的地方，我都用同样的语言宣告：“我来了！”

02 克服内心的恐惧

SUPERAR TUS MIEDOS

“唯有从黑夜穿过才会到达黎明。”

——约翰·罗纳德·瑞尔·托尔金[1]

十四岁那年我和一位闻名于世的艺术家相比为邻。霍尔迪·贝尼多是欧洲最为著名的概念艺术家之一。就如人家通常说的那样，任何人在自己的家乡都默默无闻，圣人是被远方的人崇拜的。大多数乡邻都对这位天才一无所知。我也是如此，直到一次很偶

①（1892年1月3日—1973年9月2日），英国作家、诗人、语言学家及大学教授，以创作经典严肃的奇幻作品《霍比特人》《魔戒》与《精灵宝钻》而闻名于世。——译者注

然地发现了真相，原来和我住在同一栋楼的那个沉默寡言的男人不可小觑。这个偶然说出来就有点尴尬了，其实是我做了一件不光彩的事。

巴塞罗那的房子基本上都是相同的格局，大楼进门处就是各家的邮箱，并列排放在墙上。其中一个邮箱旁边放了一个包裹，乍一看，像是一本书，这份包裹仿佛在向我招手呼唤："把我拿走吧，马克，请把我拿走吧！"情不自禁地，我就欣然照做了，对此我终身不悔。书嘛，本来就是可以借来阅览的，我只是先借走看看，过一段时间就会还给它原本的收件人——一位住在四楼的怪异人士。回到家我迫不及待地打开包裹，里面是一本德语书，德国艺术论坛编辑的一本关于概念艺术的书。粗粗地翻看了一下，内容极为震撼。说实话，一个字我都看不懂，而且里面的内容之前从没有接触过。然而，一种想要去探索、要深入地搞懂这些对我而言完全是陌生的事物的冲动如此强烈，无法抵制。时间一分钟又一分钟地过去了，一小时又一小时地过去了，每页内容都让人如此愉悦，不知不觉中我已经浏览了全书。

此刻，我没有一丝把书还给原主人的意愿，相反，我要留下来仔细解读。于是，我立即跑到市图书馆，借了一本德语—加泰罗尼亚语[1]双语字典，连蒙带猜想尽办法来读这本书。

此后像这样的包裹又到了几个，我呢，还是继续以“借”的方式取走了原本属于霍尔迪·贝尼多的东西。一年来，每两个月我都会截获一件战利品。通常，我从学校回到家的时间都比艺术家从画室到家的时间早一小时，时间刚好错开。然而后来，我还是被发现了，那个时候，我已经收集到六本书了。

艺术家敲开房门，向我的父母提出要和我谈谈，我的父母同意了。我预料着的狂风暴雨并没有来临，相反，他很温和地跟我说：“如果你还想看其他书，只须告诉我就可以了。”从那天起，下午的大部分时间我都在艺术家的画室或者住宅里度过，翻看各种各样的书籍刊物，其中有些致辞是献给他的；或者静静地观看他工

① 西班牙的四大官方语言之一，主要在加泰罗尼亚地区使用，作者马克·维达尔来自加泰罗尼亚地区的首府巴塞罗那。——译者注

作。看着一位著名的画家在酣畅淋漓地进行艺术创作，我不禁感叹并庆幸自己竟然有这样的特权能够和闻名于世的艺术家近距离相处！

创作间隙，他会给我讲述他的经历，讲述这个世界，讲述他去过的城市——巴黎、纽约、东京；聆听着他讲的每句话、每个细节，随着他的讲述，我想亲自去见识这些地方的欲望就越来越强烈。接下来的几年时间里，我制作了一份愿望清单，列出我想做的事情，并为了实现愿望做了一些财富积累。万事俱备，只欠东风，我所准备的这一切都是为了能过上一种充满挑战的冒险家生活。于是，我首先从国内最近的地方开始短途旅行，虽然路途不远，但也不乏风险和刺激，让人兴奋得肾上腺激素飙升。

刚开始都是些近距离的旅游和一些夜晚的探险活动，晚上局限于在巴塞罗那过夜。因为夜不归宿，我向大人们捏造一些子虚乌有的团队活动，或者跟他们说要参加学生会议，扯谎说“要求必须”在巴塞罗那皇家广场附近的某个小旅馆过夜。但是所有这些都无足轻重。

对一个少年来说，最大的挑战是去巴黎，那里有我的梦想。我要去看看蒙巴纳斯[①]，这些才是对我而言意义重大的推动力，是我内心的渴望。经过漫长的等待，我已经迫不及待了，无法再等待下去。

破解AMSTRAD和SPECTRUM PLUS[②]操作平台的游戏，把它们刻录成光盘，然后在学校里售卖，我就是这样挣来了这场大冒险所需的钱。最终所有的光盘都被销售一空了。艾萨克·阿西莫夫[③]作品全集也被我卖掉了，换回来的钱被用来买了一个时尚背包。我有一个皇家西班牙人足球俱乐部球员签名的足球，我一直将它视为珍宝。这

① 巴黎历史街区，以众多文艺气息浓厚的咖啡馆闻名，这一街区曾在法国文化艺术史上引领风骚数十载，至今仍是许多文艺青年的朝圣之地。要看罗浮宫，还要看乔治·蓬皮杜中心（巴黎著名的现代艺术博物馆，由首位访华的法国国家元首乔治·让·蓬皮杜主张兴建并以其名字命名）。——译者注

② AMSTRAD和SPECTRUM PLUS都是20世纪80年代的个人电脑品牌。——译者注

③ （1920年1月2日—1992年4月6日），当代美国最著名的科普作家、科幻小说家、文学评论家，美国科幻小说黄金时代的代表人物之一。他一生高产，著述颇丰，一生著述近500本，其中有100多部科幻小说，早已远远超过了“著作等身”的地步。他是20世纪最顶尖的科幻小说家之一。曾获代表科幻界最高荣誉的雨果奖和星云终身成就“大师奖”。代表作品为《机器人系列》《基地系列》和《银河帝国三部曲》。——译者注

次我也将它卖了，用这笔钱买了条炫酷的新裤子，在巴黎这座时尚之都，就应该穿得这么时髦。我的生活变成了一场拍卖，我所爱的全部都被卖掉了。

年满十七周岁时，我唯一的执念就是要慢慢地把清单上的愿望一个一个地画掉，一条一条地完成。清单的第一条就是：去巴黎。在当时的那个年代，巴黎相当遥远。购买一张飞机票是一个无法企及的奢望，而且那个时候还没有手机和网络，唯一的交流方式就是贴上邮票寄信件，收到回信都是在好几天之后了，漫长的等待。这真令人沮丧。我们怎么能生活在这样的时代呢？

而今，每次我向朋友们解说我正在筹划的方案时，不管我的方案如何疯狂，他们都会静静地听着。他们曾经目睹过我一无所有时的窘迫。从辉煌到破落的经历只需四分钟就可以讲得清清楚楚，但是从这种状况中走出来开始新的生活却需要整整四年的时光。但是，当我向他们解释我即将投入全部精力和财力到新的项目和新的挑战时，我的朋友们都表现得波澜不惊，因为他们清楚无论任何事情都无法阻止我。于是，他们会默默地等待，静静地观察。如果我过得好，他们就为我庆贺；要是过得不好，他们同样会全力支援我。

当年当我告诉朋友们不管如何我都要去巴黎时，想必他们也见识了我的坚决，我的不容置疑。从十四岁那年起，三年来我一直在梦想着美丽的“世界之都”，筹划着如何能够亲自去见识一下，任何人都无法阻止我。只等参加并通过高考，我就会即刻启程。愿望清单是必须实现的，现在已经耽误了。满怀憧憬，我迫不及待地收拾好行李，吻别了妈妈，然后独自一人去了车站。当时我很坚定地离开，没有一丝恐惧和疑虑。难道通常情况下大家不停在想的都是“万一我做不到”吗？我们都知道尝试任何事情时，失败的恐惧感都会一直伴随着你我。

当我们开始着手进行一次冒险行动时，其中的一个主要问题往往都是个人层面的。确切地说，就是对于犯错误的恐惧。即使是在生活各个方面都失败的人，也依然值得我们去尊敬，但往往正是我们自身成为了自己的绊脚石。下定决心并且为自己的梦想努力奋斗，是任何一个创业者都必须采取的终极良方。要把对失败的恐惧看成一个契机，一个机遇。

就这样我上了那趟火车，不知道也不去多想以后将要发生什么，而只去想着或许一切都会很简单、一切都将进展顺利，过两三周我就会回家。然而，生活就是一个不间断的持续学习过程。我们不应该忘记，在逆境中遇到的事情越糟糕，就越有利于我们的学习和成长。

在这趟漫长的旅途中，我搭乘了无数列短途和中途的火车，不停地辗转出入在车厢和车站里，火车轮子的轰隆声、到站和离站时的长鸣声、检票员和乘客的呵斥声，尽管我听不懂他们讲的话，从神态也能猜得出他们在指责我无票乘车。这些我都置若罔闻，根本不在乎，只想着我要到巴黎了，终于可以在那里施展抱负、实现梦想了。

抵达巴黎不久，或者说第二天，我已经感觉到事情不是那么简单了，最初的勇气很快消逝，我开始感到害怕和焦虑。为数不多的积蓄花在了逛巴黎圣母院时买能多益巧克力酱夹心的可丽饼和混合馅料的三明治上，不到一周，我带来的钱就会用光。

到达巴黎的当天晚上我住进了里沃利路附近的一家廉价青年旅舍。人员嘈杂，在这种地方能够把随身物品保管好不丢失就是一个不小的成就了。晚上睡觉时要保持高度警惕，枕着背包，穿着鞋子，或者至少也要把鞋子存放好，不然的话很可能某个早起的人顺手牵羊就把你的物品拿走了。另外还要保存一定体力，早上起来洗澡需要排长长的队伍。这些困难都难不倒我，我不是一个轻易认输的人，我要为梦想奋斗，为了某个偷东西的小人或者因为对青年旅舍同伴的不信任就放弃理想不是我的做事风格。

当时我还在为生计发愁，而完全没有意识到对生活的需求会向另外一个方面转化，从而变成一个优势。

二十年前，刚刚十七岁的我，唯有满腔热血、美好幻想和流浪汉精神，为了生计，不得不策划一点儿东西在巴黎这座繁华都市生存下去，就这样我开始了企业家生涯。

因为一个偶然的机会，我像一个机会猎头一样，发现了一个赚钱的门路。一个在蓬皮杜广场用吉他演奏披头士乐曲的中国人给了我启发。带着革新的想法，我像蚂蚁一样，组建了一个融合了自我改善、提出建议和无限可能性的生态系统。所有这些都是为了对抗即将到来的寒冬。

那次经历直接和我不同寻常的企业观以及时至今日的生活处事方式联系在一起。当然也是我作为一个创业者的开端，我从一个在巴黎街头闲逛、空着肚子的家伙，变成了带领着一个由十几个人组成的企业团队的领导者。所有的事情都发生在短短的几个星期里。

03 分析你的环境
ANALIZAR TU ENTORNO

....

“细心观察，终以得见。”

——格伦·马库特[①]

已经是下午了，另一个冥思苦想的夜晚正在接近，这一晚我又要仔细思索，躺在床上辗转反侧，考虑该如何在巴黎多熬过一些日子。我最初的计划多么荒谬。我真的想过自己可能会在巴黎喝着西北风、露宿街头吗？我确实没有计算好生活开销，也没有

① 澳大利亚籍建筑学家，2002年获得有“建筑界诺贝尔奖”之称的普利兹克建筑奖，其建筑风格简洁、自然，主要作品包括位于澳大利亚新夏威夷的玛格尼住宅及位于澳大利亚新南威尔士州的亚瑟和伊冯·博亚德教育中心。——译者注

考虑好法郎的汇率问题，或者是吃饭糊口的最基本需求。我现在确信，那时候真的没有思考也不重视这些问题。

最大的挑战在于如何顺着境遇活下去而不要太纠结于过去。所有一切都好像在说明，这次冒险离结束不远了。那一刻我只学会了一样东西：没钱旅行也是可以的。我并不担心回程本身，但最困难的其实是在途中解决吃饭问题。在这个情况下有两种选择：一是结束我的壮举静悄悄地回去，二是再坚持一下希望能赚一点儿收入。然而，赚到钱的可能性是微乎其微的。要是什么机会都没出现，无望地空等下去最后再回去，只能加重痛苦。所以我倾向于第一种选择。总而言之，我还是没有去逞英雄。大家都跟我说，所谓的英雄只不过是没来得及当逃兵而已。

走过了旁边有趣又怪异的斯特拉文斯基喷泉，我来到了乔治·蓬皮杜广场。走进法国电信的一个电话亭，将一枚两法郎的硬币投进去。打国际长途电话很可能遇到的一种情况就是，对方还没有接通，你投进去的钱就已经花光了。幸好并非这样。“电话线”的另一头是我妈妈。我告诉她，我过得很好，还学到了很多东西。当我刚要说出“回家”两个字的时候，我的目光定在了一个街头艺人的吉他上。顿了一秒之后，我跟妈妈说迟点再打给她，然后就挂了电话。我走向那位艺人，并仔细地观察他。

我永远都不会知道自己为什么要这样做，一个带着上海本地特征的东方人，为什么会如此吸引我呢？他被十几个游客围着，在弹奏一首我很熟悉的音乐，是披头士乐队的歌。一顶格子帽放在地上，围观群众就往里面投币。一瞬间，你无法预知的奇迹就发生了，并以根本的方式规划了将来的一切事情。

那个地方似乎聚集了一个世界。数以百计的人，其中就有音乐家、艺术家、画家、城管和纯属好奇的人。几个月前，跟广场同名的蓬皮杜中心开幕了，还是说反过来，因为蓬皮杜中心的开幕才有了蓬皮杜广场呢？怎样都好，蓬皮杜中心名副其实地是个文化生活的大熔炉，是各种声色艺结合的多面体。这些文化的交会都要归功于黄昏过后天色已暗所营造出的氛围。巴黎是一座灯火璀璨的城市。成千上万的灯光，无穷无尽。我感觉到每盏星星点点的灯火都是一个创意，每个创意都是一撮火花。正因为这样，巴黎的大街小巷、家家户户都萌发着智慧的种子。

我站了好几分钟，只是在观察着。我的眼神聚焦在那个中国吉他手身上。这是一个实干者或创业者最先要做的：观察、调查、聆听和分析。

我专心致志地观察着。这位音乐人的想法非常好。他弹奏的是一件精细的乐器，有着对任何人来讲都特别温暖亲切、悦耳动听的声音。他的选曲无论对哪个地方、哪个年龄和性别的人而言，都是熟悉且极具吸引力的。正因为所有人都能哼上一两句，所以听众们都很忠实地围在那里听他唱歌。中国人的身份又让他多了一种特别的异域情调。最后，那顶用于收集打赏的帽子，充满了典型的巴黎风情，使他的整套构想更加完善。

然而，光有一个好点子是不够的，机遇才至关重要。每次这位艺人唱完一首歌，或者要开始唱下一首的时候，围观群众就渐渐散去，他连打赏都没来得及讨要。毕竟人不能同时做两件事：他只能要么弹琴要么收钱。而这正好就是我进入音乐商业世界的一扇门。

我向他靠近，拿起他的帽子，尽我所能地让他知道我是来帮助他的，然后就在人群中传递着他的帽子。我不仅仅在请求人们的合作，而且还在向他们提供信息。我向他们臆造出这位音乐人在祖国接受音乐教育的细节，还有他在北京几大剧院的表演经历。我之所以能用西班牙语来讲述这些，是因为在广场上围观的人大多数都是阿根廷人、智利人、西班牙人、墨西哥人和乌拉圭人。我讲的语言是世界通用的，对于这位吉他手来说，我有着他难以想象的销售价值。于是他就给了我这份工作。

这就是我离开西班牙之后找到第一份工作的过程

了。虽然这完全在我的计划之外，但是当王立提出让我跟他一起工作的时候，从某种意义上来讲对我是一个奇迹。我的错误在于将自己无助的渴望表现得过于明显了。他察觉到这点，所以只答应给我提供日常食宿，而并没有打算将收集到的打赏跟我进行分成。我除了接受之外也别无他法了。

这种商业模式的怪异之处不在于一个中国人弹吉他或者唱历史上最著名乐队的英文歌，而在于事实上还有其他十三个中国人在做同样的事情。我一直记不住他们的名字，但当我来到新的住所——圣马丁街111号的一个阁楼时，我才发现原来里面一共有十四个房客。再加上我的话，就变成十五个了。更诡异的是，在这个满是音乐人的阁楼里，除了工作时间之外就根本不会有人弹乐器。不是因为劳累，也不是因为厌烦了，仅仅是因为他们根本就不知道怎么弹。他们几乎连《平安夜》都弹不下来，就连看似掌握得不错的英语，也只是为了唱歌而胡乱死记硬背下来的。学会六首歌，带上小集市买来的吉他，他们就能做生意了。

这十四个中国人分别在巴黎的一区、二区、三区和四区演唱殿堂级乐队或歌手的作品。他们都挑选那些可以容纳一小群观众的场地，以便演唱结束后可以好好地收取打赏。这就是他们的目的所在。

在接下来的几天里，我的任务就只限于陪伴王立并帮他传帽子收打赏。不过可以肯定的是，在这些中国音乐人的企业里“从基层做起”，对于让我在商业环境里进行沉浸式的锻炼是大有裨益的。渐渐地，我察觉到一些发生在他们身上的小细节和不同寻常的情况。

我取得打赏的多少取决于听众们的态度；如果我向听众介绍音乐人背景的话，最终就能赚得更多（无论是运气成分居多还是这样做真的有效），但我要怎么向“企业”里的其他人传达这样的效益呢？

我注意到必须做出一些调整。一方面，我们要寻求一个商业模式，改善王立和我搭档型的商业行为。目前只有我和王立是商业搭档，与其他音乐人无关，因为缺乏西班牙籍的助手。我们要调整现有的结构，让每一个人的能力得到应有的价值体现。我开始着手工作。在他们吃着白米饭而我在等天亮的时候，我的脑子就在不停地运转。

我并没有放弃自己的理想和目标，内心渴望实现的东西也丝毫没有改变，但是毫无疑问的，如果我长期以来唯一能做的只有当一个“小帽子”，那么我的计划很可能就要泡汤了。我希望在巴黎活出精彩，渴望去感受和读懂这座城市，但是继续这样下去的话，我并不能达成自己的心愿。那时候还没有意识到，其实我最初的梦想已经在实现中了，我在迎接着成为创业者的第一个挑战，同时也在获得最生动宝贵的第一个经验。

王立把收到的现金打赏分了一点儿给我，这就是我最初的收入来源，我用这笔钱买了几张康颂出品的白卡纸，这款纸品特别适合用来表达“宏伟的”构想。因为我不太懂得怎样用复杂的术语来表达自己，所以我先把心中已有的几个最好想法写出来，然后将它们制成了八个图表：第一个图表涉及所有音乐人的特长选取和分工安排；第二个图表是与流动性相关的；第三个图表提出要更改演出曲目和演出成品；第四个图表讲到了对公众的开放问题；第五个图表提到要服从命令来进行演出；第六个则是关于后勤的；第七个图表是关于新成员的加入；最后一个图表关系到奖励机制的问题。

我现在还清楚地记得那时候的事情是怎么发生的。我当时切身地感受到这种改变的需要，并且我的目的是为了赶紧提高收入水平。但我忘记了，最主要的并不是赚钱，而是分享。因此，我得到了一个重大的教训：如果你想得到什么，那么努力去获取，不要考虑效益和回报率。换句话说，一切都是有利可图的，只要你能找准商机。

那群中国人正处于一个大量产出的阶段，在这个阶段里，他们致力发展的产出体系都以尽可能多的数量为主要目的。他们天天都在那里弹啊弹，弹的歌越多越好，并且认为这样做就能赚得更多。在这样的商业现实之下，生产线管理员的重要性不言而喻，然而正因为缺乏这样的一个管理员，所以他们始终不能取得更大的利润空间。

我的作用就在于改善这种情况。1987年6月的那个晚上，即使很有可能听不懂，他们还是认真地听了我的建议。非常幸运地，王立明白了我的意思，而且他是这个公司的老板，他说了算。如果他支持我的说法，那么所有人都会接受这个决定。好在王立觉得我提出的建议都是正确的。

第一步就是要规范一个以实际销售为基础的新模式。“流水线生产”的建立能减少这些音乐人在大街上的曝光时间，从而在短时间内有更多的产出，这样就会更有效率。但是可能还会存在一个问题，并且这个问题也确实产生了，那就是为了找到买家，我们还需要一个销售管理人员，然而我们并没有充当这个角色的人。

在几个星期里，我一直在团队里把工作进行系统化，由此带来的改善也受到了大家的交口称赞。为了设计好市场营销的计划，我一边分析着消费者的行为一边在编写制订计划。那时候我就很清楚自己在做的是市场分类和分析，几年之后我上大学读书时再一次印证了这种说法。我在寻找的目标就是吸引更多的买家。可以说我在公司里的第一个相关职位就是市场营销主管了。从那儿开始，我就定下了这家企业的未来走向。

04

在结构上改良

INNOVAR EN LA ESTRUCTURA

“一个人的力量不如大家团结起来的力量大。”

——雷·克拉克[①]

唐·塔普斯科特[②]在美国麻省理工学院史塔特科技中心的礼堂结束了讲座以后，和我聊了一会儿，他很坦诚地告诉我，现在的人们都认为这个世

① Ray Kroc（1902年10月5日—1984年1月14日），美国企业家，生于伊利诺伊州。1955年，他接管了当时规模很小的麦当劳公司的特许权，将其发展成全球最成功的快餐集团之一。——译者注

② 加拿大籍新经济学家兼商业策略大师、作家、演说家，泰普斯科特集团主席、《世界经济论坛》高级顾问，著有《区块链革命》《数据时代的经济学》《维基经济学》《数字化成长3.0》等。——译者注

界是创新的、日新月异的，关键词是开放和协作，但他认为这个世界其实只不过是我们身边发生的现实的数字化表现而已。如果说现代人压力重重，那只是因为我们掌握的工具在不断地推动着新的观点想法以超速和超强的力量在发展，其速度之快已经超出了人类的接受能力。

对于各种变化的慢慢接受和逐渐适应的能力，以及对新事物不断学习的能力，是人类的本质特性，对此我深信不疑。我还记得和十四个中国同伴在一起的几个月时光，当时我——一个来自西班牙加泰罗尼亚地区的年轻人加入了他们的团队，这个年轻人向他们保证自己拥有让大家富裕起来的钥匙，于是他们就同意了从内部进行自我变革。

这群音乐人在思想上的开放性预示了这会是一场客观真实、显而易见的变革。或许他们是因为王立的积极介入而受到影响，但我更倾向于认为是我在其中起到了关键作用。那天晚上灯光昏暗，我就着手电筒打过来的两束光线在一张硬纸板上演示幻灯片。演讲中得出两点结论，其中一点就是不需要这么多音乐人，实际上有一半是多出来的。因此，必须对整个编制进行深度调整，把一部分音乐人放到其他岗位上，不能所有人都去搞演出。

我提议对演出者进行挑选，通过在内部做一些筛选测试来形成新的工作团队。在首演的前一天晚上我自然就担当起人力资源经理，就像现代大型公司操作的那样。

首先，我们必须决定哪些人继续负责演出，哪些人做商业经济人。评选的原则集中在记忆力和剧目拓展能力上，另外一方面就是语言能力、亲和力，以及良好的外表形象。

最终的选拔结果就是王立和其他六人继续演出，剩下的人转为配合他们的工作提供服务。这些人被分配到的新任务就是拿着帽子收钱，这也就意味着我的职位不保。万一在公司的新结构中无法找到我的位置，就可能严重危及到我的现状。这个团队会慢慢接受调整，逐渐稳定下来，之后就不会再需要一个带领人了。也因为这个危机，曲目的问题就暂时被我搁置了。

我毛遂自荐，从市场营销转到了变革策划负责人。确切地说，我的职能就是不定期地提出新的想法，做出持续的改进。时间上不能间隔太久，要不就会让人感觉到我无所作为，我的存在也就没有必要了。但是也不能太频繁，不停地做调整会使他们无法接受，最终也就无法再继续下去了。迟早，我的创造能力会枯竭，或许那时他们就会一脚把我踢到大街上去。

对每个人进行能力筛选是一个非常有意思的过程。我们建立了一个角色系统，有顾客、音乐人和营销人员，每个人都要轮流尝试不同的角色。我从来不明白为什么有人会拿语言问题来说事，把它当作一个障碍而放弃一个计划或者不去开拓一个新方案。尽管我的法语水平有限，对中文更是一窍不通，而我的搭档们既不会英文也不会西班牙语，但这些都不是问题，我们依然能够沟通、彼此明白对方。我们之间使用一种特殊的语言来交流，这种特殊的语言就是在简单的单词中间夹杂着各种表情手势，并且辅以画图。大家的才能、集体的智慧在我们每个人身上都得到了充分的体现。在短短的一个月时间里，我们就克服了语言障碍，彼此之间能够近乎完美地相互理解了。而我也在这个方案上倾注了全部的热情，我感觉自己有能力给我们的团队提供持续的改进完善。我们必须把新的工作分配方案执行到底，即使我们每个人都清楚随之而来的风险，也知道我们要为此不断地学习，并且还要为组成新的工作团队而进行自我培训。在这个新的工作分配中，每个人都有了自己不同的表演歌单、自己专属的演出街道，每位演出者都拿到了自己的吉他，而商业经济人则一人拿着一顶帽子。根据我们的变化调整，届时会形成以两个人作为一个小组在街上工作的模式，其中一个人拿吉他演出，另外一个人就拿着帽子收钱。

一开始的效果非常明显，收到的钱成倍增加。大家按照新的安排去做事，这个调整变动正是让我们生意变好的诱导因素。随着团队成员信心的增加，他们的胆子也越来越大，变得敢于向更宽阔的公共领域扩展，他们不再在小弄堂里表演，而是走向了广场，也不再缩在角落里演出，而是转战到了大马路空间宽阔的人行道上。我们的生意开展得顺风顺水。

从我还是孩童时起，大人们就一直在告诫我：外面的世界是一个充满荆棘的原始森林，到处都是残酷激烈的竞争，唯有那些最强悍的、准备最充分的，也是最冷酷无情的人才能够幸存下来。这都是些关于破产倒闭风险和生意场阴暗险恶的老生常谈，真实地反映了他们被重重失败阴影笼罩住的过往。但是我更宁愿相信，要靠自己的双手和对未来的希冀来改变过去。如果我们不改变，世界就不会改变。在过去的日子里，我竭尽全力试图改变我周围的一切，用当初把我带到巴黎的那一股内力去实现变革。

05

产品革新

INNOVAR EN EL PRODUCTO

……………………

“最终决定产品设计的人应该是谁？当然是客户。”

——菲利普·科特勒[1]

第二个需要革新的地方就是商业性质上的了。我请了两天假，在同事们演出的四个区里视察，将每一条小巷、每一个广场和每一个角落都走遍

① 美国经济学教授，现代营销集大成者，被誉为“现代营销学之父”，同时为IBM、通用电气、美洲银行、北欧航空、米其林、环球市场集团等欧美大型企业提供营销战略并作为计划、营销组织、整合营销上的顾问，晚年的事业重点在中国，每年来华六七次，为平安保险、TCL、创维、云南药业集团、中国网通等公司做咨询。——译者注

了。我发现了一些他们不知道，又或者是之前因为某些原因被他们否决掉的地方。现在有了新的销售技术，这些地方也许能成为理想的演出场地。

其中一个被我发现的地方就坐落在第四区。在那里我遇到了一位年长的演出者，背着手风琴、戴着贝雷帽，坐在一张折凳上。这个地方位于圣奥诺雷街[①]和罗浮街的交界处。我的同事们从来都不敢在那里演出，因为他们觉得只有像王立演技那么高超的人，才能在如此空旷的地方表演。

手风琴表演者的名字叫路易斯，是马赛[②]人。他会讲一口鼻音浓重的西班牙语，在我听来很是奇妙。然而他的演奏方式却是很糟糕的。我估计他的演出机理和我们的类似：只靠死记硬背，然后不停地重复。我问他只靠记忆来学这些歌曲是否很费劲，他很确定地说“不

① 位于巴黎市中心的旅游热门地，能与香榭丽舍大道相媲美的时尚豪华老街，高端奢侈品商店和咖啡厅林立，是购物者的天堂。——译者注

② 市区人口仅次于巴黎的法国第二大城市和最大海港。——译者注

是”。他并不是靠记忆来演奏歌曲，而是凭感觉。这么长时间的坚持弹奏，他的手都快要断了，目光也迷失在了角落处罗浮酒店的外墙上。

路易斯的曲库全是经典法语歌，除了很好地证明了他是个拙劣的表演者之外，别无他用。然而，他却一直没有放弃表演。无论弹得多么糟糕，他都不会停下来。硬币持续不断地掉进他的速食豌豆罐头里。我真搞不懂，这怎么可能呢？他弹得这么差劲，也不向别人讨钱，又没有主动去寻找客人，几乎都不和观众进行任何互动，但收集到的打赏却是我们的三倍。一小时他就能赚到我们一整天的钱。

我站在他身旁，试图找到问题的关键所在。眼前的这个马赛人，白发苍苍、满脸皱纹，虽然很善良，但也挺冷漠的。他跟我说，人生在世，有两样东西是你无法改变的：出生地和死亡地。当你还活着的时候，没有办法精确地定位到自己的死亡地，但是出生地却会标示在你的洗礼证上。很显然他指的不是现实意义上你被生下来的那个地方，而是指你能开始具备自我认知能力时所处的地方。在某种意义上来讲，他已经谈论到了客户识别和产品识别的问题，以及怎样给客户提供他们真正想要购买的东西。这是一个市场认知上的革命性飞跃，意味着要把所有的赌注都押在路过行人的“主动聆听”上，而这又跟他们在文化身份的认同上有着密切的联系，只要他们能在我们提供的产品，也就是演出的歌曲上找到认同和共鸣，就会自动自觉地成为我们的顾客，并投出珍贵的硬币。

路易斯显然是一位思考家，他告诉我，这个世界是盲目的。他说：“我们一直费尽心思地在衡量时机，要让自己显得独一无二，但这是不可能的，因为我们都是整体中的一部分。”他是一位智者，是一个真正走遍了大街小巷的人，我总是能从这些人身上学到很多东西。就算是现在，只要我一坐上计程车或者走进咖啡厅，也能马上就跟别人聊起来。我一直在寻求与他人接触的基点。这跟我的性格特点密不可分，而我的这种性格就是在巴黎的时候得到巩固的。

“成为整体中的一部分。”我一直在思考路易斯的这句话。这一结论的哪一方面可以帮助我改善这门生意呢？也许我应该换一个问法：目标群众可以做什么来改善我的生意？什么可以让我有更大的竞争力？不知不觉地，我正在构建着一个以市场认知度为基础的管理模式，并在认真地考量一个简单的基准。随着分析的数据增加，我们的弱点也暴露得越来越明显。

作为我们客户的广大人群只是在街上听到音乐声而已，并没有真正地把乐曲听进心里去。少部分对我们的演出有参与感的，都是些会讲英语的人，或者只是被演出曲目的“经典性”所吸引。假设一个阿根廷人在巴黎的大街上散步，无论是漫无目的地乱逛还是在寻找某个景点，忽然间听到一首用吉他弹奏的卡洛斯·加德尔[1]的探戈歌曲，而且表演者还是一位中国人呢，你猜会怎么样？他“给钱”的概率可比听到毫无新意的滚石乐队翻唱高多了。

---

① 阿根廷探戈歌王，在阿根廷的地位如同猫王普莱斯利在美国一样，名曲《回来》《我喝酒，你也得喝》《痛苦》《下坡路》等在阿根廷仍被人久唱不衰。——译者注

实施这个理论的弊病在于会因为过度关注目标人群，而忽略了其他千千万万的潜在客户。除了这个问题之外，还有一个难点就是要花工夫记住一套新的曲库。这样一来就得分析这些群众的实际情况：他们的国籍、年龄、性别、爱好、散步时间，以及在巴黎最频繁出现的地方。此外，商业化的操作以及剧目内容的构成对于我们企业的关键性改革来讲，也是必不可少的。“十四个中国人和一个西班牙人有限公司”是时候要开始另一个革新的阶段了，虽然很冒险，但也是势在必行的。

革新的举措只有被市场接受了以后才能真正地叫作“革新”。这条商学院的格言说得太正确了，甚至比比利牛斯山[①]的存在还要确凿无误。我还不确定要怎样从音乐层次的根本上来改变企业。最坏的情况也不过就是维持原样，这也只算得上是一个很小的失败而已。我开始着手行动，并告诉王立，那只会下金鸡蛋的母鸡很快就

① 欧洲西南部山脉，法国与西班牙的天然国界，山中有小国安道尔。——译者注

要好了。

我坐在塞瓦斯托波尔大道（位于巴黎第二区的南北向主干道，第一、二区和第三、四区的分界线）和佩内乐街交界路口的一张长椅上。那个地方人来人往。我识别每种语言的能力很低，但是附近的纪念品和明信片商店帮了我的大忙。每个展示巴黎地标明信片的旋转立柱前都聚集着一堆一堆的游客。他们就是我的市场目标人群。我要借此调查他们都是哪里人，要摸清他们的身份和数量。

在别的街角、广场和路口，我又重复同样的操作。我还会在某个露天平台坐坐，或者在某些旅游景点入口处跟游客们一起排队。

在瓦赫里街和圣殿街交界路口发生的某件事情彻底地标志了我的聆听模式。一个比我大一点点的女孩，染了一头红红绿绿的头发，穿着破破烂烂的裤子，全身上下的饰品都带有英国国旗的元素，手上戴满了戒指，脖子上也套着好几个像狗圈一样的颈环，腰上别着一个随身听播放器。这个女孩看起来像是英国人。隔着两米远的距离，我都可以隐约地听到她耳机里传出来的音乐声。她听的似乎是古典音乐，也许是贝多芬？我听不出来具体是什么音乐，但是这尤其让我感到诡异，一个如此时髦又年轻的女孩子，干吗要听老年人的音乐呢？这实在让我摸不清头脑，总觉得像一幅拼图缺了某块似的，这个女孩给我留下一个难解的谜团。

整个下午我都在思索这件事情。我有点强迫症，当一个问题进入脑海时，就必须想出一个解决办法，否则我就一直解脱不了。那时的情况刚好就是这样。古典音乐？一个朋克风打扮的年轻女孩？谜题的答案浮现在我眼前了。就是位于甘康普瓦街77号的迪克罗克·迪特·裴斯塔尔克学院。我在门前观察了一会儿，看到各种各样的人和城市群体出入这所学院。虽然那里只教古典音乐，但学生们都是从世界各地来的，而且基本上都是年轻人。

很显然，在发展商业计划的时候，你的真实底细和你对外展现的模样之间是不能显示出太大差距的。市场营销包装出来的是一回事，市场群众实际想听的又是另一回事。我们团队里的某个成员就应该在音乐学院附近演出。这种音乐家之间惺惺相惜的凝聚力可以帮助我们增加演出收入。

调查所得的数据是时候要诉诸笔墨了。我在想，那时如果有iPad的话就能大派用场了。我整理着各种数字和信息，发现自己很是乐在其中。最初对巴黎只有艺术上的兴趣，但后来也学会了从数值和统计的角度来对这种艺术兴趣进行深刻的了解和品味。翻查数据之后，我对各种各样的国籍、年龄、地区和路段都心中有数了。巴黎的游客很多都是西班牙人、阿根廷人、乌拉圭人、墨西哥人、葡萄牙人，甚至还有巴西人。仿佛能预知未来似的，我在那时就已经专注于研究针对拉美市场的产品了。美国人、加拿大人、英国人、本地的法国人，统统都被我放一边去了。

做好目标群众的定位之后，我就开始着手选择演出曲目了。这不是一件容易的事情。今时今日，我们只要在Spotify[①]、iTunes或者谷歌上搜索“波萨诺瓦[②]”，就能搜出来一大堆这个流派的最受欢迎曲目，无论是否值得关注。通过这种方式，还能很直观地了解听众的群体，以及他们对歌曲的评论。然而，在二十五年前，这是很不现实的。要了解这些，你必须亲自去音像店、去泡遍各个国家主题的酒吧，还要去购买和参考书籍，非常麻烦。最后我终于在红磨坊周边找到了可以帮助我逃离这个麻烦泥淖的必要工具。

科林道位于皮加勒区[③]的一个住宅区里，那里住着我的一个兄弟：让·皮埃尔。我是在科林道一家咖啡馆的露天座位上认识他的。皮埃尔会讲西班牙语，而我也

---

① 全球最大的正版流媒体音乐服务平台，总部位于瑞典斯德哥尔摩。——译者注

② 一种融合巴西桑巴音乐与美国西海岸酷派爵士的全新巴西音乐形态，音响效果不喧闹，给人的直觉好像是歌手与听众聊天时的窃窃私语。——译者注

③ 巴黎蒙马特山脚下的一个区域，许多世界著名艺术家，如毕加索、凡·高、达利等，都曾经居住在这个地方。此外，该区域还因舞厅夜总会等成人行业而成为巴黎的著名旅游区，有名的红磨坊夜总会就位于此地，是体验“夜巴黎”的好去处。——译者注

能即兴讲上几句马马虎虎的法语。他讲的每句话结尾都会带一个滑稽的“e”口音，我们一起聊天的时候十分愉快。我感觉还挺顺利的，因为我已经埋头在我的企业大计里很多天了。尽管我的收入已经可以支撑日常的基本开销，但我还是希望能将我们的公司改善得更好。

我向皮埃尔倾诉自己最近困扰于演出曲目的选择上，以及要用什么样的方式来将歌曲传达给人们。这正中他的下怀。他告诉我，他的父亲正好就是一位很有名的公关人员，收藏了数量惊人、各种类别的音乐卡带。他非常慷慨地将为数不少的磁带和歌词都送给了我。他的帮助意味着新的演出曲库已经完成了一半。

好运气已经降临在我身上了，是时候要将它带给我的伙伴们了。我们要决定谁来负责演奏，谁来负责解说，然后持续的时间是多长。我们企业进行现代化和革新后的运营大纲要开始实行了。很简单，就是五十二首歌曲、七种音乐风格，并在所有演出地做一次系统性的轮换。王立参与所有的演出，尽管他还不能完全看懂乐谱，但是他的听力很好，在不到一分钟的时间里，他就可以找到正确的琴弦并按到相应的点上。我们的演出窍门在于用数字和符号来记下每根琴弦，然后将它们写在纸上，用汉语拼音来学歌词，最后就是练习发音。

克服种种意外，在不到两天两夜的时间里，我们的水准就达到了能够登台演出的程度。尽管这个框架还有很多可以改进的地方，但也已经到达转折点：我们的公司要重新开业了。

巴黎的晴天阳光普照，街上人山人海，游客们来自成千上万个不同的地方，这方面在之前就已经从他们的行为和活动来研究、定位过了。公司的员工们在七个新的演出地严阵以待，一双双紧绷的手就要开始演奏音乐了，大段大段的歌词和音符也同时在脑子里被反复默念。

在玛德莲广场[①]演奏的是墨西哥流浪音乐玛利亚

① 位于巴黎八条主要大道交会处，汇聚了全巴黎最高级的食品行，也是美食家们最常出没的圣地。——译者注

奇[①]，在塔博尔山街对面表演的是意大利歌曲《周游世界》，在圣奥诺雷街和伽斯底里奥内街[②]交界处上演的是阿根廷探戈，在金字塔街[③]演出的则是波萨诺瓦音乐，在奥贝尔街[④]弹奏莫扎特的作品，在蓬皮杜广场唱响西班牙Mecano乐队[⑤]的歌，最后在小香榭丽舍演出《葡萄牙女孩玛利亚》。尽管没法搞清楚决定性因素究竟是什么，但很确定的就是在那个1987年6月21日的上午，我们收到的打赏是前所未有且无与伦比的。我们从来没有在这么短的时间内赚到这么多钱。单纯的“商业手段”是带不来市场供应的。游客们都聚集在每一个演出者的周围，新的价值链条开始结出它的果实了。

我在同伴们演奏和收集打赏的七个演出点来回奔忙了好几个小时，就像做区域视察的领导一样。虽然我觉

① 墨西哥国粹，已被评为世界文化遗产，以街头乐队的形式表演浪漫歌谣，乐队成员通常身着华丽的墨西哥服饰，头戴宽边墨西哥帽。——译者注

② 罗浮宫附近的街道。——译者注

③ 里沃利街中段的一条街道，和里沃利街一样，都是以拿破仑的著名战役来命名。——译者注

④ 巴黎歌剧院附近的街道。——译者注

⑤ Mecano是20世纪80年代西班牙极受欢迎的流行乐团，至今仍保持着西班牙流行乐队的最畅销纪录。——译者注

得这样有点怪怪的，但也确实是在有效地执行着我的领导职能。我的个人信誉全凭最终获取的结果来断定，有了良好的信誉，才能在以后迎接更多新的挑战。

所以我还要再确认一下之前的排练是否有用，以及我们预期的目标是否能实现。幸运的是，比起一些小失误，我们收获到的更多是观众们对演出的热情回应。我察觉到很多时候表演的形式要比表演的背景来得更重要。现在我认为这种差异是由多种条件的累积以及一连串细节的叠加所带来的。为数众多的打赏者对演出产品的变化给出了积极肯定的评价。东方人弹奏着陌生的音乐，还满是失误，这一连串所带来的异域感，构成了这次真正的革新。这是巴黎演出史上的一个革命性模式，并且还是一门内容丰富而有趣的生意。

06 完善价值体系

INNOVAR EN LA CADENA DE VALOR

……………………

“改善也就是给我们已经拥有的资源找到新的或者更好的用途。”

——彼得·德鲁克①

我比约定的时间提前一小时到达那家办公室。之前我和这家公司发生过一些不愉快——我曾经回绝过他们给出的收购价格。现在却在人家办公室

① Peter F. Drucker（1909年11月19日—2005年11月11日），现代管理学之父，其著作影响了数代追求创新以及最佳管理实践的学者和企业家们，各类商业管理课程也都深受彼得·德鲁克思想的影响。——译者注

不知不觉地喃喃自语“我在这里”，虽然我神情恍惚，但我非常清楚这样的举动一点儿都不会让人觉得愉快。然而就在那一刻我想到了巴黎，唤起了我对巴黎时光的回忆，从而使我陷入了恍惚中，回答对方公司问题时也是迷迷糊糊、不知所云。如果说之前我还有希望能够得到我想要的东西，那么现在很明显的就是，事情已经朝更糟糕的方向发展了。我不准备放弃我的梦想，但是，另一方面，我也希望看到自己的项目有所发展。无论是出卖我的项目以换取一串串的零，还是出卖我的灵魂以得到五年的公司领导地位，这些都不在我的计划之中。

我的律师一直认为对方给出了一个非常好的报价，但是他不敢询问我的看法。之前我们已经经历过两次同样的情况了。这两次都发生在西班牙，给出的收购价格甚至比现在的还低得多。我因为准备说出自己的想法而一直在冒冷汗，我甚至怀疑窗户会因此而神奇地蒙上水汽并失去光泽。极有可能他们认为我的想法十分荒诞，简直就是一派胡言。

我曾经无数次听到别人说诸如自己做生意不是个好主意等。有那么一两次，我自己的亲身经历也证实了这种说法，自己创业确实很艰难。另外还有好几次，甚至连我自己都要这样认为了。就算是时至今日，在某些时候，我们会因为过去付出了太多的努力而导致精力耗损，出现了现今的懈怠与厌烦，用力过度反而对现在起到不好的作用。通常在这种情况下，我会改变自己的思考方式，在精神上逃遁到巴黎的那些日子里，用那段时间的价值观来激励自己。梦想散布在巴黎铺满帕拉第奥式[1]地砖的大街上。这时我就会感到创办领导一家公司并不是只看效益、账目或者结果。始终还有其他更多的东西值得被关注。如果我做的事是我真正渴求的，那么，我坚信，收益也会随之源源不断地滚进。此时此刻我在做的就是自己最喜欢的事情——做白日梦。

当我质疑自己的力量、在意别人的看法、怀疑自己是不是像别人想的那样是一个疯子、疑惑自己不遵

---

① 一种欧洲的建筑风格，帕拉第奥是意大利文艺复兴时期的建筑家，“帕拉第奥式建筑”常指受帕拉第奥本身建筑所激励的风格。——译者注

守商学院所教的商业规则或没有听从管理方面的厚黑建议的时候，每每此时，我就不禁自问：我是不是确实在做自己热爱的事情？我的回答必须是“是”，否则就只能停止我所做的事。做选择实属不易，但是不管如何，你就是有义务去追求你想成为的那个样子。

那些穿西装不打领带、用着一般人无法下载的手机App的人很清楚接下来要发生的事情，我唯一的也是最后的选择就是要和他们达成协议。对此毋庸置疑，细节也不用多谈。他们就等着答复，等着我说“OK”。我不接受拿梦想和金钱来做交易，这一点和商学院所教的完全不同。我不会牺牲我从零开始的愿望，来换取从别人项目中拿一点儿股份。

鉴于以上种种原因，我对他们说：“我们人类的一生都是在工作中度过的。每个人的世界都不一样，所以就决定了每个人会以自己独特唯一的方式生活着。我从来都是选择以充满激情的方式生活。我要满怀热情地开始我的每一天。就像进入飞行舱，把所有的灯打开，开始在高空翱翔。如果有那么一天，我的热情耗尽，就像客舱的灯不再亮起，那么我会选择离开。我很清楚你们向我提议的东西不会让我的职业发光。既然无法在自己的项目中得到享受，我选择赠送给你们。”

于是我的律师从试图理解我的角度出发，开始和卖家谈判，而买家呢，听过我的话后，显得异常吃惊。那一刻，我坐下来，按下手机密码，打开谷歌地图，去了巴黎神游。

“十四个中国人和一个西班牙人有限公司”几周内获得的利润相当可观，而且不用交税。但是随后收益停滞，几周前是多少，几周后继续保持原来的水平。而且，利润开始出现轻微的且持续性下滑。我安排每两个人为一组搭档，7组轮班演出。这种演出组合对观众已经没有太大的吸引力，观众流动性不大，听我们演出的通常是同一拨人。我没有注意到游客停留时间短暂，更没有留意到很多听我们演唱的人不是流动性很大的游客，很多观众是常客。从这个方面看，我们的演出形式只是在短时间内新鲜了一下，时间一长，不再是新事物，在观众看来，每天就是简单的重复。

所以必须找到解决方案。我一直在思考如何找到增加价值的方法。我不知道在我们占据的四个街区领地上如何产生更多收益。或许我对眼前的挑战没有认识清楚。巴黎很大，有成千个符合我们要求的地点。有大量的场地，有川流不息的旅客、访客、学生，来自全世界的游客都希望能够在巴黎停留期间听听音乐，享受美好一刻，感受法国的文化氛围。

我买了一份更加完备的巴黎地图。这份地图很详尽，标志出博物馆、剧院、城市公共交通的运营时间和对应的价格。我对巴黎的公共运输体系还很陌生。我觉得它简直就是一个错综复杂的蜘蛛网。在那个时代，每条地铁还没有以数字命名，而是以起点站和终点站来取名字。对于我这样的一个路盲来说，破解Chatelet地铁线确实是一个挑战。

我已经准备好去研究如何进行下一次的变革了。首先我要着手处理地点定位和交通问题。巴黎的心脏——市中心早早就开始营业，很晚才打烊。我一天坐几个小时的地铁，沿着地铁线路，在不同的站台上下车。在法国首都巴黎已经待了两个多月，我连埃菲尔铁塔和蒙马特高地这些景点都没有去过。实际上，我没有出过我们工作所在的四个街区，甚至都没去塞纳河对面闲逛一下。现在能够去没有去过的地方转转，真是太有意思了。在各个地方走动中工作，边工作边去各个地方走走，发现新的商机。相对于到达某个地方，我更喜欢旅程。我喜欢终点，但是更喜欢和享受旅途。

在战神广场附近，从迪普莱地铁站走出来，往夏勒宫（特洛卡德罗）方向走时，我遇到了一位卖樱桃的妇女。和她聊了些什么我已记不清楚，当时她请我尝樱桃——我从未吃过的水果。现在，樱桃的味道我也早已忘记。然而，我忘不了在那一刻我感受的东西，生活总是充满了新鲜事物，我们要追随着这些新鲜事物。

今日，在过去了四分之一个世纪之后，我还在追寻，追求我的愉悦度决定职业成就大小。当时我感觉到，现在我也承认，是机遇连接着激情和工作。敢于开拓的领导层、对新的职业的寻求、努力学习创新的态度，或者全新的集体力量等，构成了我们未知舞台的元素。敢于发现是一切的动力。我们每个人都要这样。

和我一起在大街上卖艺的公司同事们都批评我，认为我太过急躁。他们觉得我急于改革公司，速度快得有点夸张了。我并不这么认为，我只是觉得既然已经有改革的机会，慢慢等下去就显得太过可笑了。目前，速度就是生活，这个世界允许我们快速超越，飞速改变，这样才能更有竞争力。

我们经历了一次严重的管理者之间的危机。我无数次地坐地铁在巴黎考察市场，有一天，我觉得时机成熟了。于是，最后一次考察市场回到驻地，我召集大家开会，向大家提出我的建议，其中就有开拓新领地，我负责大家的交通：一张月票公交卡。在那之前他们从来没有购买过月票，当然没有享受过它的便利。他们的世界局限于生活和工作所在的区域。我给大家看了14张月票卡，卡是我从自己腰包里拿出来的，给大家使用。这就是所谓的合作者的贡献。

王立对我的改革提议表示反对，他认为最好还是继续现有的方式，在已经掌握好的领地活动。难道他们不想国际化？他们对拓展、开辟新领地、增加利润没有兴趣？我想或许我没有解释清楚。我坚持我的想法，最后我不得不承认我们的公司是一个传统公司。

看来我没有办法改变同事们的思想上的基础构造。他们对工作的激情源自对金钱的热爱，现在这个目标已经达到了，他们不再追求新的元素。尽管我看生意的方式和他们不一样，但是没有他们的支持，我的想法也就是空中楼阁，没有支柱。我没有计算好改革的风险。大家已经习惯过去的模式，现在突然来一个急刹车，出于惯性，容易撞到人，所以现在遇到挫折是很自然的。但是，我还是准备好进行我生命中最困难和最不现实的解说。

十四个中国人、一张写满算式的硬纸板、一堆交通卡、一张揉皱的巴黎地图和我激动的表情。为了公司的扩张我已经准备好了一场颇具说服力的演说。如果我的提议不被接受，我就准备辞职，这个我已经认真考虑好了。

我告诉他们在一个个零后面的算式推断里有他们寻找的利润。我肯定他们希望能挣到更多的钱，但是，没有办法调动他们的反应，那天下午的某刻，他们已经觉察到我嘶哑的声音，我的激动和情感，所以后来他们赞同了。我把临时搭建起来的黑板扔到地上，向他们保证“我需要一份工作，我需要有一个目标，能和团队一起把目标执行下去”。我用很糟糕的法语问他们他们是否在做着一份能够带动他们激情的工作，并且我坦诚地说在我确实是这样的，我现在的生活状态就是我想要的生活状态。最后我也告诉他们如果他们不准备改善公司的经营模式，我就会去拉丁区的意大利街头表演公司工作。

他们接受了我的提议。于是我们开始前所未有的大调整，我们在巴黎繁华的地方开展业务，演出地点扩大到拉德芳斯、蒙马特、香榭丽舍大道，以及凯旋门、贝尔西车站、蒙帕纳斯大厦、埃菲尔铁塔、巴士底狱以及圣心堂附近的石板道路等地方。

改变是飞快的。在拉德芳斯区，王立在演出里加入了现代化的元素。他翻奏的让·米歇尔·雅尔[①]ZOOLOOK让人听起来觉得很搞笑。在蒙马特，云集了街头艺人，竞争激烈，但是我们的曲库无人可比，我们的探戈听起来美轮美奂。在香榭丽舍大道，我们的方式是再好不过了：给等候去往巴黎机场方向观光游大巴的长长队伍演奏。最好的曲库就是要有巴西或者墨西哥特色的。在贝尔西车站或者在巴士底狱，西班牙旅游团听出了他们熟悉的流行摇滚，大家吹着口哨来伴奏，或者在皮特勒区，人们

① 全球闻名的演奏家、作曲家、电子乐大师。1977年被《人物周刊》评选为“年度人物”，1995年成为联合国教科文组织慈善大使，雅尔是世界电子音乐的先驱，以擅长利用尖端技术和调动观众情绪著称。2004年10月，雅尔曾在北京故宫举办激光音乐会，为法国文化年拉开帷幕，精彩演出令许多中国观众记住了他的名字。——译者注

更加喜欢法多（葡萄牙的一种民歌）。

晚上的收益相当可观，特别是在一些夜生活结束非常晚的地方。根据设定好的轮班机制，工作到傍晚的艺人可以休息到晚上，去替换一整天在一个固定点演出的同伴。每三天，休息一次。这种网状式的工作非常有效。在七个工作场地，我们演出六个全天和两个晚上。而且还引进了休息制度，此前大家多年来都是每天以同一个节奏工作八至九小时，没有娱乐时间。

似乎我们的公司在占领新市场。我让收入得到恢复，甚至增长。但是第一次我证实了收入增加不表示纯利润增加。同事们在吃饭上的花销多了。夜晚消费要高，因为，很多次，公共交通都停运，只能选择乘坐出租车回家。

我的一些预估都失算了。虽然总收入增加，但纯收益急剧下降。必须下决心，采取紧急措施，不然，我作为改革负责人的信用就会再次被质疑。

07

用你的才能来进行革新

INNOVAR CON EL TALENTO

……………………

“发挥你的才能：若只有声音最悦耳的鸟儿在歌唱，树林会非常安静。”

——亨利·凡·戴克[①]

巴黎的天空有时候会变得像彩色玻璃纸一般，染上一抹橘红色。要是在下午的时候朝北方望去，你会看到数以百万的灵魂是怎样在一瞬间就蒸发消失掉的，这些人当初都是在某一时刻为了认识自己的极限而来到巴黎的。随着时间的流逝，我也应该成为

① 美国诗人、神职人员。——译者注

他们中的一员。世上所有的城市都是居住其中的人民的反映，它们就像一面镜子，映照出居住者和管理者的形象，同时又一边喋喋不休地叙述着城市自身的计划与未来。如果我们留意关注的话，就能听到一座座城市的声声叹息。

巴黎的欲望很容易就能被读懂。这是一座充满智慧的城市。有时候会感觉到它充满年轻活力，有时候却又会觉得它不过是日薄西山；有时候它知道自己要怎么发展，有时候却又会在惰性和愚昧的道路上一路下滑。巴黎就是这么一个复杂的生态系统，所有的生命都在其中无可救药地流逝。《法兰西学术院词典》[①]在1835年将“城市”一词的概念定义为“分布在街道上的许多房子的聚合体，封闭在一个通常由城墙和护城河围闭成的公共空间里”。这个描述并不适合我的巴黎，这座正在吞食着我的学习欲望和生存欲望的都市。

---

① 法兰西学术院是历史悠久的学术权威机构，作为法兰西学会下属的五个学术院之一，主要任务是规范法国语言、保护各种艺术，为了法兰西语言的规范、明晰、纯洁并为所有使用者理解，法兰西学术院的院士们已出版了八版词典，目前第九版仍在编纂中。——译者注

我花了好几天思考要怎样恢复团队的前进动力。十四个忧心忡忡、筋疲力尽的团队成员，他们付出的努力并没有兑换成相应的利益。他们小心翼翼地向王立提出要恢复传统的做派，还要让他摆正我的位置。我担心所谓的“摆正我的位置”就是要把我赶出圣马丁街111号的大门外。我都已经能完全想象到那幅画面了。

然而，他们也是明辨是非的。我们还没到要分道扬镳的时候，因为在他们的新生活当中，总有些地方是让他们喜欢的。他们建议按照原定计划来，依旧保留固定的演出日程和巴黎交通卡。既然如此，那在这次更新中肯定还是有些不错的地方的。首先，他们很享受不一样的演出曲目。其次，他们也不是一个人在战斗。而我本身也应该时刻记住我的前提：要过得好。他们都过得挺好的，虽然没有预期的赚得多，但也不是非要那样不可，至少在目前来说就是这样的。

7月末的一个上午，在从巴黎市政厅附近的演出点走去军事学校附近的另一个演出点的路上，当我经过南非大使馆的时候，刚好碰上了一个反对种族隔离的集会。奥赛码头59号，南非大使馆就矗立在这个地方，像是一座由黑色大理石建成的碉堡一般，阻挡着人们去看、去听。这让我体会到了南非政府当时实行的种族政策。这个政策的问题是由内而外的，而不是反过来。是体制里面的人不听也不去看体制外的人。[①]

我觉得示威者们的理由十分正当，于是我也加入了他们。还有谁会比我更好地了解价值观的差异呢？我由衷地尊重和欣赏我的工作伙伴们，甚至都觉得自己也是中国人了。我挪用了自己的工作时间和这群义愤填膺的人处了好一会儿，并跟其中的一些示威者聊起了天，由此我认识了一位反应精准的家伙。我从他身上学到了一样对我的革新和模式很有用的东西。

---

① 南非的种族隔离为1948年至1991年间在南非共和国实行的一种种族隔离制度，以法律将人种分为四类：白人、有色人种、印度人与黑人，为了防止非白人族群得到投票权或影响力而将他们的权益限制在遥远的、他们可能从未访问过的“家园”。教育、医疗和其他公共服务有时被声称是隔离但平等，但事实上非白人族群可得到的只是非常次等的公共服务。联合国也认为“种族隔离是一种对人类的犯罪”。——译者注

我不记得他的名字了，只记得他姓迪布瓦，就叫他迪布瓦先生吧。我潜藏已久的法语在这几个月里开始崭露头角了，至少能让我表达清楚我试图解释的东西。还没聊上几句，那位穿着西装打着领带的先生就开始宣讲：我们所有人都有能力去改变世界，这取决于我们自身，以及我们与生俱来的才能，每个独立个体都是自己的主人。在一道黑墙前大声喊出这段话，真是让我激动无比。我现在还清楚地记得，那天下午我激动得热泪盈眶。

我的伙伴们应该也有某样被隐藏起来的才能，他们需要一个渠道去引发它。尽管他们没有反驳地就接受了我的建议，但是这些建议真正的精神含义被领会到了吗？除了直观上的东西之外，他们还有做其他更多的分析吗？当我和王立一起挑选哪些人继续弹吉他、哪些人转去做“小帽子”的时候，我就只局限在一个单一的商业模式里了。我没有去纵观其他的选项，也没有注意到团队的一些技能可以让我们的生意更加有利可图。是时候要推出新产品和新服务了。我的十四个工作伙伴，他们的产能、技能和才能，构成了一股在商界闯荡的运气。

我的任务就是要激发环境的变化，以达到一次真正的转变。要让才能得到施展，就必须完全激活它。这并不难，因为他们都觉得只要高度压榨自己的产出力就能展现出一个光明的前景。

这群最初持怀疑态度的同伴已经转变成了一个有欲望去实践和学习新事物的群体。或许促成这个改变的人就是我？

中华民族整体而言就是有能力去做一些令人难以置信的事情，是一群了不起的人。在过去的二十年里，我一直在反复认证这个事实。只要他们提出某样东西，就一定能做到。

据王立所言，我就是那个引发者。每个在他们看来都是难题的地方，我都能从中看出机遇。我提出的每个革新，他们一开始都是拒绝的，不过在看到了我的活力与怒气之后，他们都接受了。然而这次就没那么简单了。

我已经到了第一个重大失败的边缘。人们都说犯错误也有它的积极意义，但我赌上的是自己在巴黎的吃、住和继续发展下去的可能。我可不想在这里大摔一跤。

大作家米歇尔·维勒贝克[1]说过：“一只动物受挫之后的第一反应就是要比之前加倍努力地去完成目标。譬如说，一只饥饿的母鸡被铁丝网围着，无法吃到食物，这只会使它更加疯狂地用力挣扎，试图穿过铁丝网去吃到东西。但是如果没有食物这个明确的目标的话，另一种行为就会慢慢地取代这个举动。”我不想改变自己的行为，但也不想被任何铁丝网刺得遍体鳞伤。虽然

① 当今法国文坛最畅销的作家，作品多次引发法国知识界论战，被称为“继加缪之后，唯一一个将法国文学重新放到世界文学版图上的作家”，代表作有《基本粒子》《一座岛屿的可能性》等，擅长写作关于社会边缘的主题。——译者注

失败之后取得成功的感觉是甜蜜的，但我并不想要这种甜蜜。我已经筹备好，准备给大家上一堂重要的课。

我们在总部开会，我问他们除了弹吉他之外还想干什么。他们的回答是各种各样的——在他们之中确实有真正的中国水墨造型艺术家——但是这对于改进我们的曲库并没有一星半点的用处。在王立的帮助下，我开始问其他人是否有其他才艺，但是我没有看中任何一项。我最终还是选择了辞职。我让他们忘记所谓的挑战吧。归根到底，他们都只是音乐人而已。我跟他们在一起并不开心，而我做出的这种反应对他们来说也不公平。我放下双臂，关上门，告别他们那些与我无关的梦想。我走到大街上，整个人因为不甘与愤怒而变得有点扭曲。

尚·克劳德和他的小推车也在街上，他做的可丽饼是全巴黎最美味的。我吃可丽饼吃上了瘾，刚好那时候也需要一块来安慰自己。我跟他说，我和公司里的其他成员闹掰了。我决定改变原有的商业模式，但是我既没有指标也没有数据来支持自己的做法。我要求 “永远再多做一点儿”，即使这样做是在拿目前已取得的成就来冒险。我做事的偏执程度强烈得连我自己都吃惊。

尚·克劳德给我讲了一个故事（这个故事在以后的日子里我也听过好几遍）：一个小男孩跟爸爸一起去巴黎近郊塞纳河畔的纳伊看马戏演出。他被一头巨型印度象的表演深深吸引了。这头大象的力气非常大，节目结束之后，小男孩发现驯兽师把大象的其中一条腿绑在地上的一个钉子头小圆柱上。小男孩感到非常吃惊，因为相比粗重的链条来讲，地上的小圆柱就只是一个小小的木块。“爸爸，为什么大象不会逃跑呢？”小孩问爸爸。爸爸回答他：“因为大象已经被驯服了。”“但是，如果大象已经被驯服了，为什么还要用链条锁住它呢？”

尚·克劳德讲的这个故事，结局有着十分珍贵的意义。他告诉我，小孩的爸爸不知道要怎么回答，但是在回家之前，一位老人听到了父子俩的对话，并将答案告诉了他们。“大象不逃跑，是因为从它出生开始就一直被绑在类似的小圆柱上。也许一开始小象也曾经试图给自己松绑，用尽全力去推小圆柱，但是那时候它太小了，小圆柱对它来讲实在太坚固了。它一直推呀推，直到筋疲力尽，到最后就放弃了。因为这样，即使它现在已经是一头力气很大的大象了，但仍然还是被链条囚禁着，它已经深信自己无法摆脱链条的束缚。它所不知道的是，现在的它只要说‘不’然后用力一扯，就可以挣开了。”

我在这个故事里学会了很多。尚·克劳德这位街头厨师为我点燃了一盏指路明灯，他知道这个故事会给我带来巨大的影响，但最终还是得看我自己的决定。我不是为了继续把自己绑在小圆柱上才来到巴黎的。我跟王立说，我们还是要继续尝试，把传统的商业生意抛诸脑后，要把所有人都无法想象的东西呈现出来。怎样都好，最主要的就是去发掘我们的才能、去享受自我，并且去直面我们的目标。

十四个中国人中，有四个直接从音乐跳去了做造型艺术，还有两个人转向了戏剧。我们一下子就把这门生意的多样性提高到了巴黎前所未有的程度：1987年的时候还没有人会用便携式墨水来做东方字体的刺青；巴黎的任何地方也都没有任何人可以画出带有东方色彩的传统肖像画。团队里最特别的技能就是王立自己的。他可以用锋利的指甲在餐巾纸上裁出一个人的轮廓。除此以外，“十四个中国人和一个西班牙人有限公司”的库存里还有两个默剧，将我们公司的项目补充得更加新奇有趣。

08 完善你的圈子

INNOVAR EN RED

…………………

“相对于自己付出100%的精力，我更倾向于靠一百个人1%的努力来赚钱。”

—— 约翰·D. 洛克菲勒[①]

清晨，一层薄薄的雾霭覆盖着巴黎独特的铺满旧石板的街道。我向着里沃利街的方向慢跑，每天跑几公里。在凯旋门转弯，向下沿着香榭丽舍大道继续跑。十岁时我已经在学校的田

① John D. Rockefeller（1839年7月8日—1937年5月23日），美国实业家、超级资本家，美孚石油公司（标准石油）创办人。——译者注

径比赛中获奖。而且，我还被体育培训中心选中，每天都接受跑步训练。跑步的感觉很美好。

两年后，我跑了第一个马拉松全程。后来，我还是继续跑步，但是参加比赛的次数越来越少。我坚持跑步更多是为了提高毅力。现在，每周我至少会跑一次，如果超过一周不跑就很难受。跑步于我已经是一种精神上的需求。

我们这家街头卖艺公司经历的转型是结构性的，远比我们认为的要严重。每个团队都不去完成他们该做的任务，而是在自顾自地即兴发挥，越来越远离规划好的路线。到底会发生什么事呢？

有时候，收到的打赏不一致，收益也不平衡。有些团队收到很多，有些团队什么都没有。整个看起来很不均衡，且缺乏引导。更糟糕的是没有一个人生气，他们一点儿也不担心。王立对这个话题避而不谈，其他人也只是在聊着每天的趣事。他们是疯了吗？

初步看起来似乎收益下降了，我们的企业计划朝着与预期完全相反的方向发展，我们的合作显得越来越没有必要。或许这个对事情发展的判断还是过早了。

我问王立对公司的未来有什么看法，他上上下下打量我，笑了。他说我应该反过来想。他问我知不知道等待着这个团队的会是一个什么样的未来。他补充说他们和我没什么不一样，来到巴黎都是为了一个共同的目标。对我们所有人来说更加重要的应该是“如何”和“为什么”，而不是“是什么”。

他说话时一如往常，声音平淡。他非常肯定地说道：“事情之所以发生，是因为它们到了应该发生的时候，但是到底要以什么样的形式发生，这未必会如你所愿。和刀尖刺伤你的创口无关，和刀刃的厚薄无关，甚至也和流淌出来的鲜血无关，一切都取决于你想如何去面对这一个悲惨的瞬间。如果你胆怯退缩了那你就会死掉；如果你发疯了不会保护好自己，那么你也会死；如果你一点儿都不重视这个创伤的话，那你还是会死；但是如果你无畏无惧，包扎好伤口，等待伤口结疤，那么你的伤口愈合后只会在皮肤上留下一个浅浅的疤痕，除此之外啥事儿也没有。看看你自己是不是受伤了，如果是的话就等着痊愈吧。”

我告别了王立，决定跑到蒙马特。我要围着杜乐丽花园[①]跑一圈，这一段等待着我去完成的里程是14公里多。我需要呼吸氧气，并且在有节奏的呼气声中找到问题的关键。显而易见，如果我不尽快采取决定的话，那么很快形势就会更加复杂。

我跑的最后一段是上坡路，一直跑到圣心大教堂[②]，全凭一股蛮力在前进。在山顶上转了一圈，然后

① 位于罗浮宫和协和广场之间的一座公共花园，花园内可见许多雕像，有“露天博物馆”之称，原址为杜伊勒里宫，法国国王亨利二世去世后，由其遗孀新建并从罗浮宫搬迁至此居住，后于巴黎公社时期被焚毁，之后杜伊勒里宫废墟被拆除，只余下现在被称为“杜伊勒里花园”或“杜乐丽花园”的部分。——译者注

② 位于海拔129米的蒙马特高地至高点上，教堂颜色纯白，以其视角广阔、景色如画而著称，其中心最高的大圆顶是埃菲尔铁塔之后巴黎的第二个至高点，从这里往巴黎市中心俯瞰，巴黎的千年历史尽收眼底。——译者注

向市中心跑回去，眼前出现的就全是下坡路了。我减慢速度避免摔倒，同时也正好让身体休息一下，让头脑保持警觉。一群跑步者默默地跟上我一起跑。那是炎热的下午，炙热的阳光从别人家的屋顶和教堂的拱顶之间铺洒下来。突然我停下来，我的眼前呈现出一幅橙色天空和暗色城市形成强烈对比的画面。我在高处，城市在山下。映入眼帘的是一片极其美丽的景色。

走出焦虑平静下来，我终于可以寻找新的马路、新的街道、新的地点，开始新的崛起。我想我那时候还没有接受我的事业是一场漫长的、艰苦的且复杂的赛跑。我需要一个新的“如何”和一个新的“是什么”。对于这个挑战，我准备加入一个新的元素：多层次化。

也就是要去寻找酒吧、露台、纪念品商店、礼宾服务处、游客服务处等所有这些能够充当我们商品经销商的地点。当然，作为回报，我们是要付出佣金的。我在面临着第一个跨公司的大运作，但是我无所畏惧，并决定要像鲨鱼一样勇猛地进攻这个领域，不同公司之间的商谈我也想自己来处理。在维持合资公司这一方面来讲，我们提供的佣金必须显得十分诱人。

当我把想法解释给王立听的时候，他反应平静地说之前他也曾经试过，但是和露台、咖啡厅老板们的合约谈不下来。他认为，没有人会接受这个方案，他的意见没有改变我的想法，他也任由我去执行这个计划。

我坐在波堡咖啡馆[①]的露天座位上，观察着我身边所发生的一切。我走近其中一位服务员，向他推荐了我的商务协议，一份他无法拒绝的协议。这是一份双赢的协议，他没有花销，也不用付出努力。这是我们为了达到利益最大化而进行的价值累加。

效果立竿见影。最妙的是，我们不仅有了已经准备就绪的表演场地，可以让观众们聆听到我们那些“神奇的”曲目，而且有时候，就连咖啡厅的员工们都会加入

① 位于正对着蓬皮杜中心的位置上，拥有大型的室外露天咖啡座空间，能看到来来往往的众多游客。——译者注

我们，和我们一起表演。在我的第一次革新中曾经对商业合伙人下过定义，但是现在，场地的商业代理已经取代了这一职能。如果把他们也算作是生产链条的其中一环，那么公司又拥有了七个新的团队成员。

我把他们其中的五人升格为正式的演出艺人。另外两个没有工作的成员就和我一起完善了表演曲库，并且把他们培养成了自己的助理员工。巴黎有着为数不少的阿拉伯人和希腊人的场地，他们就负责跟这些场地进行商谈，并且还负责寻找适合演出的新街角以及辨别游客的国籍。而我就在晚上对这些信息进行一次大数据分析。①

“十四个中国人和一个西班牙人有限公司”成为了一台生钱机器，所有的功能故障都已经消失了。我觉得自己就是那个能够把整个机器里各种零部件连接起来的

① 大数据分析是指对规模巨大的数据进行分析，可以概括为5个V，数据量大（Volume）、速度快（Velocity）、类型多（Variety）、价值（Value）、真实性（Veracity），业务成果体现为预测需求、缓冲风险、提供相关产品、个性化服务，以及优化改善客户体验。——译者注

关键钉子。投资回报率的指数水平每天都创新高。

表演曲库的更新和完善是决定性的因素。因为找到新场地，所以业务范围扩大了；交通卡的使用有利于开拓领地；夜间工作的能力强化了企业的结构。产品的改进让团队里的每个成员都自我感觉更加良好，对他们的发挥也更有帮助。经销商和代理商的模式使得团队的圈子得以完整。

经过四个月的艰苦奋斗，我们成立了一个全新的公司，我和王立是这个公司的共同创始人。在这里，每个成员都拿出自己最好的东西，为公司的发展共同努力。扼紧自己命运的缰绳才是万物之本。

09 在控制上进行革新

INNOVAR EN EL CONTROL

....

"任何一门语言最优美的四个字都是：附上支票。"

——多萝西·帕克[1]

我的律师提出要和我单独谈谈，于是并购公司的人员暂时离开了。这个可怜的家伙已经非常绝望了，他和我之间签署了一份合同，他的代理费与成交净收入成正比。现在他的眼睛从本杰明·富兰克林的画像瞄到了乔治·华盛顿的上面去。很明显这家伙有点问题，他从一个错误的角度来看待这件事情，而并没

① 美国幽默家、作家、批评家，曾任职于《时尚》《名利场》杂志，并曾在好莱坞担任编剧，后来从事戏剧创作。——译者注

有意识到现在最应该做的就是让它过去，之后肯定会有更好的将来。我们就是在这座发生一切最荒谬交易的中心城市里谈生意。在芝加哥，砂糖价格、国债和加勒比地区发生灾难的可能性都在以同样的节奏被估算着。

我和律师交谈时用的是西班牙语。“你在想什么？”他问我。在我反复寻思自己的计划时，他终于忍不住发问了。

我把两个星期之前的一场对话告诉他，这场对话就发生在哥伦比亚首都波哥大的埃尔多拉多旧机场。那里有世界上最好的擦鞋工。他们是用鞋布和鞋油来进行创作的艺术家，看他们工作就好像在看毕加索绘画一样。无论你喜欢与否，他们在鞋子上抹的涂层看上去都是那么独一无二、不可复制。和他们在一起聊什么话题都可以，他们很会看气氛，并且很了解这个由成千上万旅客组成的特殊生态系统，他们清楚地知道构成这个系统日程的一切元素。

擦鞋工的眼睛一直盯在鞋子上，他告诉我，已经有更多的西班牙人来到这个机场了，但可惜都是些“缺乏想象”的人。我问他为什么对此这么肯定，而他的回答听起来很是高深莫测：“你们想的只是飞机，而不是飞翔。”

我的律师很认真地听着，还一边点头赞成，但他很明显处于一片茫然的状态。每次当他那双汗涔涔的手从额头一直抚向下巴的时候，双眼都紧紧地闭着。他明显整个人都不好了。我叫他放轻松，我们现在想要的已经不是飞机了，我们真正渴望的是继续高飞。在我们即将要面临商谈的另一部分时，我的律师就是因为这个缘故，说出了这句话：“重要的不是飞机，关键是要飞。”

我在精神上又回到了多年以前的那个巴黎。我们的生意蒸蒸日上，一切都是那么完美地运行着，我们的成就感是显而易见的。就算在我最遥不可及的梦里，都不曾想象过那一切真有可能实现。本以为这段在巴黎的经历最多只会持续几个星期，结果没想到能在这里待上好几个月，认识的新朋友最后都变成了家人。我挣到了足够消费的金钱，找到了可以探访的各种好去处，有足够的空余时间，还掌握了能让我自由行动的法语；并且没有遇上太大的困难，公司就接纳了新的展望和计划；在我的熟人里面也成功拓展了兴趣相投的社交圈子。从我们公司的指导方针出发，我在寻找着新的歌曲和默剧样本，还要一直关注着观众们的反应。同时我也在做着跟其他街头艺人一样的工作。公司内部的扩展能力表明了这是一家高效率、高盈利、高增长能力的企业。

我感觉自己就像国王一样，但遗憾的是当国王跟法兰西共和国的民主精神并不完全兼容，业绩的下滑会再次动摇到公司的整个经营模式。其中一个侍应生就在抱怨跟他搭档的艺人，甚至还提出了换人的要求。这不仅仅会影响到其他人，还会在收入分成的时候造成摩擦。

这时候正需要发展一个以小时和绩效来衡量业绩的模式，不然的话需要分析的变量这么多，要以一种对所有人都公平公正的方式来衡量是不可能的。王立在我生日的时候送给了我一本中等尺寸的黑色Moleskine笔记本，我就是在用这个本子写写画画的时候构思出了这么一个分析表格。我们公司就像一个以演出时长、演出歌曲数量、观众餐桌数量和演出距离来产出价值的大本营一样，每位雇员在这些方面取得的正面评价都会有助于提高他的收入分成。这种奖励机制之下所形成的竞争压力，将会正面回馈到公司的盈利率上。看到雇员们之间的相互竞争我们很开心，然而更难以置信的是这还有力地促成了雇员之间的互帮互助。

我开始对员工们进行岗位轮换，这是为了让他们每一个人都能有机会去投入挖掘新的演出地点、演出曲目、演出乐器或者是其他东西。这不仅仅能让他们从每天不情不愿的例行公事里解脱出来，还能让很多之前没机会展现创造力的员工发掘出新的潜力。“十四个中国人和一个西班牙人有限公司”从原来的上下级结构分明的企业转变为一家更加平等开放的企业、一门开放的生意。

这场革新就在于我们是一个不停地进行测试的机构，就是这么简单。所有的错误都是为了更好地改善。一个“测试—出错”的初步方案帮助我们舍弃一些演出舞台、广场、酒吧、合作者、乐器或者是戏剧选段。

然而，一天早晨，我知道我在巴黎的故事是时候要告一段落了。我在金匠街的“桌上地图”餐厅喝着咖啡，眼前正对着亨利四世的雕像，电视上正放送着一场在法国东南部城市格勒诺布尔举行的自行车分段赛决赛。那是一场团队计时赛，著名的荷兰PDM自行车队也出现在了荧屏上。如果车队里的所有人都付出努力，那么就能一起尽快到达终点，但尤为重要的是依照策略，团队的领头人要经常更换。在这一刻，回顾这段职业生涯，我醒悟到离开的时间已经到了，我必须停止对那家公司的革新。是时候开展另一番新事业了，我要再次马不停蹄、几近偏执地创立新项目、目睹它们增长，然后就潇洒地把它们放下。

我在塞纳河南岸走了好几个小时，从罗浮宫附近的卡鲁塞尔桥一直走到西岱岛的道布勒桥，这条路线我已经走过两三次了。要把这个决定告诉朋友们和同事们，真的一点儿都不容易。我在西班牙的家人已经给我下了最后通牒，最终的归国期限已经快要到了。从证件上来看，我已经成年了，已经算在法国非法滞留。现在，我的行囊又重新装满了梦想。这些梦想已经不再需要巴黎作为实现背景了。所有这些因素综合起来，像在预示着是时候去寻找新的发展路线。

王立很明白我的处境，从一开始他就知道，我的离开只是时间的问题而已。其他人的表情虽然大不相同，但都是一脸悲伤的样子。然而，当我向他们提出要回自己在公司那一份份额的时候，他们脸上的悲伤都瞬间变成愕然。“哪一份？”他们异口同声地问道。我的钱、我赚回来的收益、我的投入、我的遣散费，他们想叫什么都可以。我把所有的商业秘诀都留下来了，我并不希望这是不要钱白送的。

经过四个月的艰苦劳动，我们一同将传统的音乐公司转变为一台加了润滑油飞速运转的机器，从而有能力去实行各种复杂的程序，包括自身的转变、岗位轮换，以及多样剧目的产生。在任何情况下我的角色都不可能仅限于区域经理。我不打算把一切都交到一个意大利侍应生的手上，尽管他想顶替我的位置。我向他们提出了一个公平的方案，以此来补偿我之前对公司的付出。我先把公司里所有人在一个月内净赚的金额算出来，然后乘以四，再除以十五。王立沉默了一分钟，然后站起来说了一句：“不！”

我正在面临着一个道义和金钱上的问题。从道义的角度出发，我觉得他们欠了我的钱；从金钱的角度出发，他们觉得我不厚道。现在我意识到当时我真的犯了一个大错误，我应该从一开始就讲清楚：我所做的一切不仅仅是一个公司的生存计划，我设想的是整个公司的重建。从我的角度看，我就是公司的首席执行官兼共同创始人。

他们都要石化了。王立甚至觉得我在开玩笑。他们要获取我的股份，既然这样的话，我就十分坚定，拿不到属于我的那一份钱，我就不走。最终，在承认了我作为合伙人的条件之后，我们终于达成一致，尽管离我争取的有一定差距。在谈判的过程中，大米、鸽子、手帕和东方音乐都被拿来作为谈判背景。他们给了我一个月净利润的十五分之一。我一无所有地来到巴黎，带了好几千法郎踏上归途。

10 为你的努力增值

VALORAR TU ESFUERZO

“我可以接受失败，但是无法接受放弃。”

——迈克尔·乔丹

一位我很欣赏的很睿智的成功人士曾经和我聊过他的青少年时期的事情。还是孩童时期的他就经常尝试做各种不同的事情。他对很多东西都充满好奇，刚开始他迷上了音乐，后来兴趣又转移到绘画上，然后又去尝试写作。而且他喜欢的体育项目也不固定，经常会变化，甚至喜欢过不同的足球队，结果呢，他被冠以做事没有定性、任性和缺乏目标。这让他痛苦

了很多年，后来他才认识到，他实际上是在寻找自己的真实才华。可以肯定的是，他坚持不断地尝试寻找自己的本性是因自身的基因决定的，每个人的DNA决定了每个人的特性。世界就像一桌琳琅满目的宴席，呈现在每个人的面前，它的丰富让人不知所措，于是我们就不知道如何去选择。

不管从哪个角度看，我在巴黎的经历正好证实了这个观点。一个清楚自己才能并充分发挥自己的能力的人，就可以学会很多东西。一个方案是什么不重要，重要的是你以何种方式参与到项目中以及为什么要参加这个项目。当初在法国的首都时，我非常清楚开展一个方案的原因和执行方法。由此我知道自己具备这份能力，直到今日我的能力还给我提供不菲的财富。曾经有人告诉我："想法不是唯一的，任何人都不是唯一的，但是你所做的事情可以让你成为与众不同的人，只有做事的原因和方法能够赋予你价值，这个附加值让你成为独一无二的人。如果你发现了自己的天赋，并且你给予它以满腔热情，你就会明白你所做的任何事情都很有价值。"

在巴黎初次经营演艺公司的几个月时间里，我感觉自己是一个巨人，是一个伸手就可以触摸到天空的巨人。确实，我触摸到了天空。我上到了埃菲尔铁塔的顶端。门票有点贵，大家排着长长的队伍等候参观。很多人热切期盼上到塔顶，站在高处观看脚下的城市，电梯无法满足这么多人的需求。我的目标不在于俯瞰城市，我就是要上到最高处。1987年7月3日，我准备好要在这一天登上我梦想中的最高处。那一刻，我将迎来我的“宇宙大爆炸”——实现我的梦想。

为了避开人流，我等到最后一刻钟才进去参观。省钱起见，我没有乘坐电梯，而是从西南入口处爬了上千级台阶走上去。楼梯还是19世纪修建的，牢固如初，时至今日还承载着让人攀登到最高处的功能。等我爬上最后一级台阶，已累得气喘吁吁。在埃菲尔铁塔的最高处，放眼望去，到处金碧辉煌。正是巴黎的黄昏时刻，华灯初上。巴黎的美丽让人惊叹到无法用语言来表述。现在只要回忆那一刻，我还是觉得异常震撼。

我的脚下就是这座城市，但是我更想遥望天空。我伸出双手，渴望触摸到天空，哪怕只有那么一刹那，我就心满意足地回到人间。如果说我拥有某种天赋，那就是我清楚在每一刻自己要的是什么，并且能快速地把我的想法阐释出来。事情可以发展成我们想要的样子。我们应该感受自己的内心并且追随自己的内心。即使灾难不断，我们也不应该放弃我们的本能。

鲁滨逊先生曾经在某次会议上讲了这样一个故事：一个六岁的小女孩在美术绘画班上画画，美术老师问她："你画的是什么？"小女孩回答道："我正在画上帝。"老师反驳道："可是没有人知道上帝长什么样子呀！"小女孩淡定地说："等一分钟，全世界的人马上会看到。"

在巴黎，我学到了多个关于生活和经营公司的经验。我有机会从人性化、创造性和激情化的层面去塑造一家公司。当观察我们生活的这个社会时，我就会想它太悲剧了，很多人把社会当成一个沙发，疲惫不堪地躺在社会沙发上，停滞不动，不去追求进步。我现在拥有的一切财富都是因为我敢于行动，敢于创新，敢于面对恐惧，把恐惧转化为挑战和机遇。

对往昔的记忆停留在远方，静静地不动，然而同时滋养了我，让我对现在能更好地理解。我知道我们是属于社会的，如果无所事事，那么我们将一事无成，每个人的机遇就会稍纵即逝。如同满载货物的火车，不会在中途站台停留。我想,过往留下深刻的印记，只有通过一场内部深层的变革才会改变我们的环境。

有了梦想，我们要推动，要坚持，要冒险，要梦想，要奋斗，要去努力促成它的实现，即使在现实生活中只得到冷漠的回报。那个离开巴黎返回西班牙的夜晚，我乘坐长途火车，要先在切尔韦雷（意大利小镇）火车站停靠，然后换上西班牙的非欧标准火车。在火车上，我不断思考，想着如何将工作开展下去。在我的个人词典中，“放弃”这个词汇是不存在的。虽然当时我还不知道何为创业，甚至这个词汇在西班牙语中不存在。在西班牙语中，资本家是一位身穿灰色西装、表情严肃的先生，他剥削人类。

我开始了新生活。外出旅行，和比我更加睿智的人交流。通过他们，我理解到拥有不是最重要的，最重要的是分享。我多次创业，知道做项目不是要积累财富，而是把赚到的钱用于再投资。我放弃了别人为我设计的生活，开始以自己想要的方式活着。

人生没有白走的路。我在巴黎几个月的经历，其间，我成功应用企业概念和改革原则盘活了演艺公司，这些经验在我后来做的项目里得到了借鉴。现在我已经做了几个项目，有成功也有失败。在七岁那年我家安装电脑和网络，我迷上了网络设计，那时做的方案至今有用。一个公开的革新模式分为几个必要阶段：

1. 关注需求。最初你的需求可以是一个想法，一个方案，一个梦想。在我，就是去巴黎。

2. 设定实现的办法。开拓一个项目及完善一个项目时很自然会承担风险。怀揣少许钱独自闯巴黎就是我承担的风险。

3. 寻找机会。机会就如同一个缝隙，穿过小小的缝隙，开阔的世界就展示在你眼前。找不到合适的机会，再好的想法都将没有用处，不会带来盈利。遇到有潜力的中国音乐家就是我的机遇。

4. 观察市场。确定对比点，通过比较才知道哪些是项目的决定因素。探测音乐家团队的经营方案是项目的关键。

5. 彻底改变，但是要循序渐进。先把之前的基础稳定，再开始下一步的改革。

6. 要多样化。如果团队的每个人所做的事情正好都是自己喜欢、擅长的，那么，这个商业团队就有了动力。

7. 开发新的领地。开发巴黎更多城区的表演场所为我们带来了更多的关键客户。

8. 调整销售方案。让整个团队变成马路的推销员，这个营销方案起到了推动作用。

9. 不断地重组。以积极心态接受改革，每时每刻学习新知识。

10. 善于画句号。不要轻视你的工作、你的投入，全力为新颖的项目奋斗。

我的律师讲完“问题不是飞机，而是要飞翔”后，我接过话题，我会把项目交给他们，不会提任何要求，也不会问他们要一分钱，甚至我也不想在原公司或者重新组合后的公司里拿任何股份，更不会为他们工作。从这一刻起我将彻底离开这个项目。但是我有一个要求：

他们和第三方签订合同后发生的每笔销售收益的0.045%归我。这样我就达到了我的目的：虽然我人不在公司，但是我在公司的影响还继续。

我和他们道别，没有其他的选择。律师说他会在我登上飞机前通过电子邮件把最终的协议发给我，这样我可以签好字离开。邮件并没有及时发给我，但是可以以后签，合同同样有效。所以我现在在这里，在一架波音747上，其他的乘客都在沉睡。只有我清醒着，我座位1H的灯光亮着，我就是那只蚂蚁，那只除了背包之外一无所有的蚂蚁，然而满怀憧憬和各种项目准备进入巴黎奋斗。

在律师发过来的合同上签字发回给律师后，我就合上了MAC电脑。合同会传到他们手上的。我启动了英国航空公司头等舱座位上一些奇怪的圆筒，开始对背部进行按摩。随后按下按钮，把座位放下去，调整成一张半躺的床，播放拉娜·德雷①的歌曲，陶醉在其中。我肯定会很快入睡。我要恢复体力。明天，醒来后，我还要继续我的梦想，梦想将会有很多很多。

---

① 美国女歌手，词曲创作者、模特，代表作品有*Video Games*，*Born to Die*，*Blue Jeans*，*West Coast*，*High by the Beach*，荣获2013全英音乐奖国际最佳女歌手、2013年ECHO奖最佳女歌手、2012全英音乐奖国际最具突破艺人奖和2014年格莱美年度混音奖。

UNA HORMIGA EN PARIS